К водной безопасности Беларуси

СВОДНЫЙ ОТЧЕТ

ОЭСР
ЛУЧШАЯ ПОЛИТИКА
ДЛЯ ЛУЧШЕЙ ЖИЗНИ

Данная работа публикуется под ответственность Генерального Секретаря ОЭСР. Изложенные в ней мнения и приводимая аргументация могут не отражать официальных взглядов правительств стран – членов ОЭСР.

Настоящий документ и любые содержащиеся в нем данные и карты не затрагивают статуса территорий и их суверенитета, делимитацию государственных границ и пограничных линий, а также названия территорий, городов и областей.

При цитировании просьба ссылаться на настоящую публикацию:
OECD (2020), *К водной безопасности Беларуси: Сводный отчет*, OECD Publishing, Paris, *https://doi.org/10.1787/cbabdc86-ru*.

ISBN 978-92-64-34882-0 (печатное издание)
ISBN 978-92-64-33804-3 (pdf)

Предисловие

Настоящая публикация представляет результаты сотрудничества в области водной безопасности Республики Беларусь (далее – Беларусь), ОЭСР и ее партнеров по реализации финансируемого Европейским союзом проекта *Водная инициатива ЕС плюс для стран Восточного партнерства*. По существу, это самая свежая глава в долгой истории участия ОЭСР в рассмотрении вопросов, связанных с водными ресурсами, в регионе Восточной Европы, Кавказа и Центральной Азии (ВЕКЦА). ОЭСР оказывает поддержку странам ВЕКЦА с начала 1990-х годов, с момента, когда эти страны перешли к рыночной экономике после распада Советского Союза. ОЭСР направляет и предоставляет знания в области совершенствования управления водными ресурсами, как ключевого условия для создания более «зеленой» экономики и обеспечения долгосрочной водной, продовольственной и энергетической безопасности. Деятельность ОЭСР позволяет совершенствовать природоохранную и водную политику, а также содействует интеграции экологических вопросов в более масштабные программы реформ.

Однако привлечение ОЭСР к рассмотрению вопросов, связанных с водными ресурсами, в Беларуси произошло позднее, чем в большинстве других стран региона. Национальные диалоги о водной политике (НДВП) – важная составляющая деятельности ОЭСР в оказании содействия процессам реформирования – в большинстве стран ВЕКЦА были начаты в период 2006–2013 годов[1], тогда как запуск процесса НДВП в Беларуси начался только в 2018 году. Несмотря на несколько запоздалый старт, сотрудничество ОЭСР с Беларусью оказалось особенно продуктивным в последние годы. Был проведен глубокий анализ широкого ряда вопросов, связанных с управлением водными ресурсами и водной безопасностью.

Водная инициатива Европейского союза плюс для стран Восточного партнерства (ВИЕС+), запущенная в 2016 году, обеспечила импульс для более тесного сотрудничества с Беларусью. Проект был начат с целью оказания поддержки проведению реформ в области управления водными ресурсами в шести странах Восточного партнерства (ВП): Армении, Азербайджане, Беларуси, Грузии, Молдове и Украине. В качестве партнеров-исполнителей проекта ВИЕС+ наряду с ОЭСР выступают Европейская экономическая комиссия ООН (ЕЭК ООН), Международной офис воды (IOWater), Франция, и Агентство по окружающей среде Австрии (UBA). ОЭСР и ЕЭК ООН являются стратегическими партнерами на протяжении многих лет, содействуя ведению НДВП в странах ВП и в целом в регионе ВЕКЦА. ВИЕС+ также предоставила возможность более тесного сотрудничества с Консорциумом государств – членов ЕС. Это создало целый ряд выгод в отношении архитектуры проекта, в частности позволило увязать рекомендации по реформированию водной политики на национальном уровне с практическим применением знаний и опыта ЕС в области управления водными ресурсами.

Целью проекта ВИЕС+ является гармонизация водного законодательства стран ВП с положениями Водной рамочной директивы ЕС и прочих директив, связанных с водными ресурсами, несколькими способами. Прежде всего, проект нацелен на укрепление законодательства, разработки водной

---

[1] В Армении и Молдове – с 2006 года, в Украине – с 2007 года (процесс был перезапущен в 2017 году в рамках проекта ВИЕС+), в Киргизии – с 2008 года, в Таджикистане – с 2009 года, в Азербайджане и Туркменистане – с 2010 года, в Грузии – с 2011 года и в Казахстане – с 2013 года.

политики и институтов. Во-вторых, предусмотрена модернизация лабораторий и систем мониторинга. В-третьих, проект содействует разработке и реализации планов управления речными бассейнами (ПУРБ). В-четвертых, будет усовершенствовано управление данными и информацией о водных ресурсах. Проект ориентирован также на наращивание экспертного потенциала и развитие коммуникаций, включая усиление взаимодействия с общественностью.

Данная публикация четко отражает эти цели и основывается на результатах недавнего сотрудничества с Беларусью по вопросам водной безопасности на различных уровнях: национальном (например, *Стратегия управления водными ресурсами в условиях изменения климата на период до 2030*, в которой водная безопасность рассматривается как основная всеобъемлющая цель водной политики страны), субнациональном (проведение ситуационных исследований на местном уровне, например, в Копыльском районе Минской области и нескольких районах Гомельской области) и транснациональном (на уровне трансграничных речных бассейнов). Данная публикация является сводным отчетом, резюмирующим работу, проделанную Беларусью и всеми партнерами-исполнителями проекта ВИЕС+, и предоставляет информацию о возможных направлениях дальнейшего сотрудничества.

Регион Восточного партнерства связан многочисленными трансграничными водотоками, а также инфраструктурой и системами управления, доставшимися в наследие от советских времен. Поскольку регион столкнулся со значительными вызовами, связанными с качеством и количеством имеющихся водных ресурсов, общее прошлое и географическая связанность этих стран предоставляют возможности для обмена опытом в области водной политики и сетевого обучения. Поэтому результаты данной работы предоставляют знания, применимые и за пределами Беларуси, в том числе и в других странах региона ВП и не только.

Глава 1 рассматривает данную работу в контексте всеобъемлющей цели водной политики Беларуси по обеспечению водной безопасности и дает краткий обзор основных результатов работы, проведенной в рамках проекта ВИЕС+ по данному направлению. Поскольку, возможно, не все читатели имеют представление о водных ресурсах Беларуси, **глава 2** предоставляет обзор их состава и распределения в стране, а также связанных с ними особых вызовов, стоящих перед различными областями Беларуси. В **главе 3** рассматриваются ответные меры политики на вызовы, обозначенные в главе 2, в контексте новой *Стратегии управления водными ресурсами в условиях изменения климата на период до 2030* Республики Беларусь. А в заключительной **главе 4** проводится оценка возможных способов повышения водной безопасности Беларуси посредством оказания поддержки программе реформ, осуществляемой в стране.

Настоящий отчет был подготовлен Директоратом по охране окружающей среды ОЭСР при сотрудничестве с Агентством по окружающей среде Австрии (UBA), Международным офисом воды (IOWater) и ЕЭК ООН – партнерами-исполнителями проекта ВИЕС+. Основным автором отчета является Дуглас Херрик, работу курировали Мэттью Гриффитс и Александр Мартусевич (Директорат по охране окружающей среды ОЭСР). Другими авторами, внесшими вклад в отчет, являются Александр Белокуров, Алишер Мамаджанов и Наталья Никифоровна (ЕЭК ООН), Филипп Сеген и Пол Хайнер (IOWater), и Александр Зинке (UBA). Авторы благодарны за комментарии Снежане Дубенок, Владимиру Корнееву и Александру Станкевичу из республиканского унитарного предприятия «Центральный научно-исследовательский институт комплексного использования водных ресурсов» Республики Беларусь. Отчет был отредактирован г-ном Марком Фосс, переведен на русский язык Екатериной Козловой и подготовлен к публикации г-жой Лупитой Йохансон.

Настоящий отчет подготовлен при финансовой поддержке Европейского союза. Точки зрения, представленные в настоящем отчете, ни в коем случае не могут рассматриваться как отражающие официальное мнение Европейского союза.

Настоящий отчет, а также включенные в него карты не выражают какого-либо мнения или суждения относительно статуса или суверенитета любой территории, делимитации международных границ и наименования любой территории, города или района.

Содержание

Таблицы

Рисунки

Вставки

Обозначения и сокращения

АЭС	атомная электростанция
БГУ	Белорусский государственный университет
Белстат	Национальный статистический комитет Республики Беларусь
ВВП	валовой внутренний продукт
ВЕКЦА	Восточная Европа, Кавказ и Центральная Азия
ВИЕС	Водная инициатива Европейского союза
ВИЕС+	Водная инициатива Европейского союза плюс для стран Восточного партнерства
ВОЗ	Всемирная организация здравоохранения
ВП	Восточное партнерство
ВРД	Водная рамочная директива Европейского союза
ВРП	валовой региональный продукт
ВСиВО	водоснабжение и водоотведение
г.	город
Гидромет	государственное учреждение «Республиканский центр по гидрометеорологии, контролю радиоактивного загрязнения и мониторингу окружающей среды» Министерства природных ресурсов и охраны окружающей среды Республики Беларусь
ГИС	географическая информационная система
ГУ	государственное учреждение
ГУП	государственное унитарное предприятие
ГЭС	гидроэлектростанция
ГЭФ	Глобальный экологический фонд
долл. США	доллар Соединенных Штатов Америки
ЕС	Европейский союз
ЕЭК ООН	Европейская экономическая комиссия Организации Объединенных Наций
км^3	кубический километр
куб. км	кубический километр
куб. м	кубический метр
КОС	канализационные очистные сооружения
КУП	коммунальное унитарное предприятие
л	литр
лчс	литров на человека в сутки
м^3	кубический метр

МВт	мегаватт
мг	миллиграмм
мес.	месяц
МКУ	Межведомственный комитет по управлению выполнением в Республике Беларусь проекта ВИЕС+
млн	миллион
млрд	миллиард
НДТМ	наилучшие доступные технические методы
НПА	нормативный правовой акт
ОАО	открытое акционерное общество
ОВОС	оценка воздействия на окружающую среду
ООН	Организация Объединенных Наций
ООСМРБ	Охрана окружающей среды международных речных бассейнов
ОЭСР	Организация экономического сотрудничества и развития
ПВЗ	Протокол по проблемам воды и здоровья Европейской экономической комиссии Организации Объединенных Наций и Европейского регионального бюро Всемирной организации здравоохранения
ПДК	предельная допустимая концентрация
ППС	паритет покупательной способности
ПУРБ	план (планы) управления речным(-и) бассейном(-ами)
р.	река
РБ	Республика Беларусь
РЦАК	государственное учреждение «Республиканский центр аналитического контроля в области охраны окружающей среды»
РУП	республиканское унитарное предприятие
с	секунда
СЛР	сельское хозяйство, лесоводство и рыболовство
сут	сутки
СЭО	стратегическая экологическая оценка
ТНПА	технический нормативный правовой акт
тыс.	тысяча
УВР	управление водными ресурсами
УРБ	управление речным(-и) бассейном(-ами)
ФАО	Продовольственная и сельскохозяйственная организация ООН
ЦНИИКИВР	республиканское унитарное предприятие «Центральный научно-исследовательский институт комплексного использования водных ресурсов»
ЦУР	Цели (Цель) устойчивого развития
чел.	человек
ЮНЕП	Программа ООН по окружающей среде
ЮНЕСКО	Организация Объединенных Наций по вопросам образования, науки и культуры
IOWater/ OIEau	Международный офис воды (фр. – *Office International de l'eau*)

SEIS	Совместная система экологической информации
UBA	Агентство по окружающей среде Австрии

Резюме

В Республике Беларусь **водная безопасность** заявлена в качестве основной всеобъемлющей цели политики в области управления водными ресурсами, в частности, в проекте *Стратегии управления водными ресурсами в условиях изменения климата на период до 2030 года* (далее - Водная стратегии до 2030 года). Основное внимание в стратегии уделяется достижению Цели устойчивого развития (ЦУР) 6. Для этого Беларусь планирует проведение реформ по шести направлениям: во-первых, внедрять наилучшие доступные технические методы (НДТМ) и продолжить повышать эффективность водопользования; во-вторых, страна собирается в большей степени учитывать воздействие изменения климата на водные ресурсы и адаптировать водный сектор к изменению климата; в-третьих, Беларусь планирует улучшить систему мониторинга поверхностных и подземных вод; в-четвертых, использовать комплексные природоохранные разрешения и реформировать систему платного водопользования; в-пятых, Беларусь утвердит и реализует планы управления речными бассейнами; и наконец, страна продолжит сотрудничество по трансграничным рекам с сопредельными с ней странами.

В рамках финансируемого Европейским союзом проекта Водная инициатива ЕС плюс для стран Восточного партнерства (ВИЕС+), ОЭСР и другие партнеры-исполнители проекта (Агентство по окружающей среде Австрии (UBA); Международной офис воды (IOWater); и Европейская экономическая комиссия Организации Объединенных Наций (ЕЭК ООН)) активно поддерживают усилия Беларуси по проведению реформ для достижения целей национальной водной политики и приведения водного законодательства страны в большее соответствие международному законодательству и надлежащей практике. ВИЕС+ поддерживает внедрение принципов Водной рамочной директивы ЕС и комплексного (интегрированного) управления водными ресурсами, ровно как прогресс в области выполнения международных обязательств.

Настоящая публикация представляет результаты усилий страны по проведению реформ, начиная с 2016 года, ведущие к повышению уровня водной безопасности страны, включая результаты, полученные при поддержке ВИЕС+. Для контекста в публикации приведен обзор текущего состояния водных ресурсов в Беларуси с точки зрения их количества, распределения, качества и использования, ровно как вызовов, связанных с текущим и будущим водопользованием. Также представлены ситуационные исследования, посвященные различным областям страны, и проблемные моменты, имеющиеся в каждой из них. В частности, затронуты: относительно хорошо обеспеченная водными ресурсами Витебская область; город Минск, где уровень нагрузки на водные ресурсы высок в силу демографического роста; Гомельская область, столкнувшаяся с проблемой сезонной нехватки воды; и преимущественно сельский Копыльский район Минской области. На основе анализа, проведенного в рамках ВИЕС+, в публикации обозначены инструменты и методы, разработанные для ответа на потребности областей страны с целью повышения водной безопасности как на местном, так и национальном уровнях.

Ключевые моменты

- Несмотря на относительное обилие водных ресурсов в Беларуси с точки зрения удельной обеспеченности водными ресурсами, их распределение по территории шести областей страны неравномерно, и они уязвимы к воздействию изменения климата и угрозам, связанным с антропогенной деятельностью. В результате воздействия изменения климата, среди прочего, наблюдаются значительные сдвиги с точки зрения объемов воды и их сезонного распределения в речных бассейнах страны; прогнозируются и дальнейшие изменения в этой сфере. На качество и наличие водных ресурсов значительное воздействие также оказывают и другие антропогенные изменения как в прошлом (например, осушение водно-болотных угодий в результате создания гидромелиоративных систем в советское время), так и текущие (например, сброс коммунально-бытовых и промышленных сточных вод, загрязнение агропромышленным комплексом).

- В целом в Беларуси наблюдается постепенное сокращение численности населения - исключение составляют городские центры, особенно Минск, где наблюдается прирост. Эта тенденция в сочетании с инфраструктурным наследием Советского Союза привела к использованию систем централизованного водоснабжения завышенной мощности, которые работают только на треть от установленной мощности. Несмотря на использование в стране в целом множества централизованных систем водоснабжения и водоотведения, лишь 65,9 % сельских жителей имеют доступ к централизованному водоснабжению, и лишь 37,9 % – к централизованному водоотведению. В результате многие сельские сообщества берут воду из неглубоких колодцев, мониторинг качества воды в которых недостаточный, что повышает риск для здоровья, связанный с потреблением некачественной воды по причине загрязнения ее поверхностным стоком с сельскохозяйственных территорий и из иных источников.

- Доступ к точным надежным массивам данных – обязательное условие для организации эффективного управления водными ресурсами. В Беларуси через национальные статистическую систему и системы мониторинга (включая систему мониторинга подземных и поверхностных вод, а также мониторинг показателей (индикаторов) ЦУР 6.1 – 6.5) собираются, управляются и обрабатываются соответствующие массивы данных. Вовлеченность множества различных институтов в этот процесс требует надлежащего межведомственного сотрудничества в области управления данными для оказания поддержки принятию управленческих решений. Принципы финансируемой Европейским союзом Совместной системы экологической информации (SEIS) предоставляют хорошую рамочную основу для продолжения проведения реформ в Беларуси с целью совершенствования управления данными.

- Беларусь достигла значительного прогресса во внедрении концепции управления речными бассейнами в соответствии с принципами комплексного (интегрированного) управления водными ресурсами, в частности, посредством принятия двух планов управления речными бассейнами и учреждения трех бассейновых советов. В рамках Водной стратегии до 2030 года Беларусь планирует создать еще два бассейновых совета к 2024 году, что обеспечит наличие бассейновых советов в каждом из пяти трансграничных речных бассейнов страны.

- Дальнейшее улучшение эффективности водопользования – ключевой компонент планов Беларуси по повышению водной безопасности. За последние несколько десятилетий экономика страны стала намного менее водоемкой. Так, в 1990 году на единицу ВВП (1 000 долл. США по ППС) расходовалось 52,1 м³ воды, тогда как в 2018 году на эту же единицу выпуска продукции – всего 7,3 м³ воды. На примере четырех наиболее водоемких предприятий преимущественно сельского Копыльского района ВИЕС+ содействовала разработке и внедрению на этих предприятиях новых технологических нормативов устойчивого водопользования и водоотведения.

- Учитывая трансграничный характер подавляющего большинства водотоков страны, Беларусь уделяет особое внимание укреплению трансграничного сотрудничества с сопредельными странами. ВИЕС+ оказала содействие ведению диалога об общих трансграничных речных бассейнах между Беларусью, Латвией и Литвой, а в 2020 году было подписано межправительственное соглашение в области охраны трансграничных вод между Беларусью и Польшей.

Беларусь провела впечатляющую реформу системы управления водными ресурсами, однако еще остаются области, предоставляющие возможности для дальнейшего совершенствования. Посредством реализации Водной стратегии до 2030 года Беларусь намерена усовершенствовать существующие экономические инструменты управления водными ресурсами, включая использование субсидий, а также внедрить новые инструменты, включая введение платы за сброс сточных вод на основе массы загрязняющих веществ в их составе. Беларуси также следует продолжить усилия для обеспечения всеобщего доступа населения к водоснабжению и водоотведению, особенно в сельской местности, и для продвижения вперед в области выполнения международных обязательств, таких как Цели устойчивого развития, связанные с водой; трансграничное сотрудничество в рамках Водной конвенции ЕЭК ООН; и Протокол по проблемам воды и здоровья ЕЭК ООН и Европейского регионального бюро ВОЗ. Беларуси также следует продолжать разрабатывать и реализовывать планы управления речными бассейнами, уделяя особое внимание сбору высококачественных данных и управлению ими, и практическим действиям на местах, также как трансграничному сотрудничеству.

1 К водной безопасности Беларуси – обзор прогресса, достигнутого в рамках осуществления проекта Водная инициатива Европейского союза плюс

В данной главе кратко представлен контекст водной политики Республики Беларусь, всеобъемлющей целью которой является обеспечение водной безопасности. В общих чертах представлена работа, осуществленная в рамках Водной инициативы Европейского союза плюс для стран Восточного партнерства (ВИЕС+) с целью оказания поддержки процессу гармонизации политики управления водными ресурсами стран Восточного партнерства (ВП) с принципами Водной рамочной директивы ЕС и комплексного (интегрированного) управления водными ресурсами, в том числе посредством оказания содействия проведению национальных диалогов о водной политике. В главе также представлены реализуемые мероприятия, разработанные с целью совершенствования стратегического и среднесрочного планирования на национальном, бассейновом и местном уровнях. Другие мероприятия, осуществляемые в рамках ВИЕС+, речь о которых идет в данной главе, нацелены на укрепление сотрудничества в области охраны и использования трансграничных водных объектов, совершенствование управления данными и национальной системы мониторинга водных ресурсов, наращивание местного потенциала и реализацию пилотных проектов для повышения водной безопасности страны.

Для достижения Целей устойчивого развития (ЦУР) и перехода к «зеленой» экономике Республика Беларусь (далее – Беларусь) приступила к реформированию водного сектора. Формально у Беларуси нет обязательств по внедрению положений Водной рамочной директивы (ВРД) Европейского союза (ЕС), тем не менее страна на добровольной основе намерена гармонизировать водное законодательство и практику управления водными ресурсами с таковыми ЕС. В *Водной стратегии Республики Беларусь на период до 2020 года* (далее - Водная стратегия до 2020 года) этот процесс определен в качестве приоритетного. В этой связи Водный кодекс Республики Беларусь от 30 апреля 2014 года определил необходимость разработки планов управления речными бассейнами (ПУРБ), в том числе бассейнами Днепра и Припяти (их части, которая расположена на территории Беларуси). Цели государственной водной политики Беларуси совпадают с целями проекта Водная инициатива Европейского союза плюс для стран Восточного партнерства (ВИЕС+), который направлен на оказание поддержки странам Восточного партнерства (ВП)[1] в гармонизации национальных водной политики и стратегий с ВРД ЕС (Вставка 1.1), принципами интегрированного (комплексного) управления водными ресурсами и обязательствами по многосторонним природоохранным соглашениям.

Вставка 1.1. Водная рамочная директива ЕС

Принятая в октябре 2000 года, Водная рамочная директива ЕС (ВРД) признана эталонной моделью, определяющей основы водного законодательства и регулирования и направляющей реформирование водной политики в странах ЕС и за его пределами.

В ответ на обеспокоенность населения Европы, Европейская комиссия поставила цель сделать загрязненные воды Европы снова чистыми, отводя гражданам и группам гражданского общества ключевую роль в решении этой задачи. В частности, в сфере охраны водных ресурсов ВРД преследует следующие цели:

- распространение водоохранной деятельности на все водные ресурсы, включая поверхностные и подземные воды;

- обеспечение «надлежащего состояния» всех водных ресурсов к заданному сроку: устанавливается ряд целей, по которым определяется степень защиты качества вод. Необходимо наблюдать за прогрессом в достижении всех поставленных целей в каждом речном бассейне для приближения состояния всех водных объектов к «надлежащему»;

- организация УВР на уровне речных бассейнов: естественная географическая и гидрологическая единица считается эталонной для единой системы управления водными ресурсами;

- введение «смешанного подхода» к предельным значениям сбросов и стандартам качества вод;

- установление обоснованных цен: установление обоснованных цен на водопользование выступает в качестве стимула к устойчивому использованию водных ресурсов и, следовательно, способствует достижению природоохранных целей ВРД;

- активное участие граждан: существуют две основные причины для привлечения граждан к участию в управлении водными ресурсами. Во-первых, принятие решений, касающихся выбора наиболее подходящих мер для достижения целей планов управления речными бассейнами, повлечет за собой потребность в нахождении баланса интересов различных групп гражданского общества. Во-вторых, реализация таких решений с большей вероятностью будет более эффективной, а результаты – более устойчивыми в долгосрочной перспективе при поддержке управленческих решений общественностью;

- оптимизация законодательства: подход, берущий за основу Водную рамочную директиву, позволяет оптимизировать водное законодательство ЕС, заменяя семь предыдущих правовых актов, в которых больше нет необходимости.

Источник: Европейская комиссия (2019[1]), *"Introduction to the EU Water Framework Directive"* («Введение в Водную рамочную директиву ЕС») https://ec.europa.eu/environment/water/water-framework/info/intro_en.htm

Начиная с 2016 года, партнеры-исполнители проекта ВИЕС+[2] активно поддерживают усилия Беларуси по проведению реформ, включая выполнение национальной рабочей программы, подготовленной в рамках проекта ВИЕС+, разработанной и согласованной с Беларусью, Европейской комиссией и партнерами-исполнителями по завершении шестимесячной установочной аналитической фазы проекта. Так, проект новой Водной стратегии страны – *Стратегии управления водными ресурсами в условиях изменения климата на период до 2030* (далее – Водная стратегия до 2030 года) – был подготовлен при поддержке ВИЕС+. Проект стратегии разработан таким образом, чтобы соответствовать национальным документам, имеющим отношение к управлению водными ресурсами, в том числе Водному кодексу РБ и Национальной стратегии устойчивого социально-экономического развития РБ на период до 2030 года. Проект также учитывает международные обязательства страны, как например, по достижению ЦУР, целей Водной конвенции Европейской экономической комиссии ООН (ЕЭК ООН), Протокола по проблемам воды и здоровья ЕЭК ООН / Европейского регионального бюро Всемирной организации здравоохранения (ВОЗ) (далее – Протокол по проблемам воды и здоровья), а также двусторонних соглашений о совместном использовании и охране трансграничных водных объектов.

Основной стратегической целью проекта Водной стратегии до 2030 года является обеспечение долгосрочной водной безопасности, и ставятся конкретные стратегические задачи, сформулированные на основе задач ЦУР 6.

1.1. Диалог о водной политике и устойчивом управлении водными ресурсами

На начало проекта ВИЕС+ в Беларуси отсутствовала платформа для ведения многостороннего диалога о водной политике, которая объединяла бы представителей разных секторов экономики и уровней системы управления водными ресурсами. При поддержке ВИЕС+ в 2018 году в стране был создан Межведомственный комитет по управлению (МКУ) выполнением в Республике Беларусь проекта ВИЕС+. Одновременно МКУ служит платформой для ведения диалога по вопросам управления водными ресурсами с привлечением ключевых заинтересованных сторон, представляющих разные уровни системы управления водными ресурсами. В рамках мероприятия также были определены и запущены межсекторальные пилотные проекты, включающие проведение исследования управления использованием воды в орошаемом земледелии на юге страны, где наблюдается ее нехватка.

1.2. Стратегическое и среднесрочное планирование на национальном, бассейновом и местном уровнях

Беларусь использует различные способы стратегического и среднесрочного планирования. ВИЕС+ оказала стране поддержку в подготовке проекта Водной стратегии до 2030 года и проведении его стратегической экологической оценки (СЭО). Принятие стратегии ожидается до конца февраля 2021 года. Также в рамках ВИЕС+ был проведен ряд исследований с целью формирования основы для разработки будущей Национальной стратегии по водоснабжению и водоотведению (канализации). Исследования фокусировались на улучшении условий водоснабжения сельского населения питьевой водой, а также на вариантах улучшения способов обращения с осадком КОС. Разработка проекта Стратегии по водоснабжению и водоотведению (канализации) должна начаться во второй половине 2020 года. Дополнительно проводится исследование экологического налогообложения с целью содействия совершенствованию использования инструментов отраслевой политики для реализации стратегических и среднесрочных планов в водном секторе. И наконец, были организованы мероприятия по наращиванию местного потенциала в области применения экономических инструментов для управления водными ресурсами, объектами и водохозяйственными системами (Раздел 3.2.1).

Проект ВИЕС+ также поддержал разработку планов управления бассейнами (ПУРБ) Днепра и Припяти (их частей, которые расположены на территории Республики Беларусь[3], Вставка 1.2). ПУРБ Днепра был одобрен 31 декабря 2019 года, а по проекту ПУРБ Припяти сначала должно закончится проведение открытых слушаний, которые были проведены в ходе второго заседания Припятского бассейнового совета в октябре 2020 года. Утверждение ПУРБ Припяти планируется осуществить до конца февраля 2021 года, к моменту завершения проекта ВИЕС+.

Вставка 1.2. Планирование управления речными бассейнами

Многие поверхностные водные объекты вовлечены в хозяйственную деятельность, являясь одновременно и источниками водоснабжения для различных отраслей экономики (промышленность, сельское хозяйство, энергетика и др.), и приемниками сточных вод; их ресурс используется для гидроэнергетики, водного транспорта, удовлетворение духовных, культурных и рекреационных потребностей населения.

Реки также являются естественной средой обитания, поддерживающей множество экосистем, поэтому планирование использования водных ресурсов рек не является тривиальной задачей. Все чаще воды рек используются чрезмерно, что приводит к изъятию из них слишком больших объемов воды, загрязнению, проникновению чужеродных видов, изменению гидрологического режима пойм и разрушению естественной среды обитания. Как правило, подобные ситуации – результат принятия непродуманных решений, неграмотного управления и ненадлежащего планирования. Для минимизации таких последствий отправной точкой устойчивого управления речными бассейнами служит эффективное бассейновое планирование.

Многие международные игроки склоняются к принципу управления водными ресурсами на бассейновом уровне, поскольку такой подход открывает ряд экологических и экономических возможностей. В Рекомендации Совета ОЭСР по воде, принятой в декабре 2016 года, значится, что водная политика должна устанавливаться и проводится на основе долгосрочных планов управления водными ресурсами, предпочтительно на уровне речного бассейна или водоносного горизонта. Другие организации, включая Глобальное водное партнерство, Международную сеть бассейновых организаций и ЮНЕСКО, выпустили руководства по бассейновому управлению водными ресурсами. Согласно этим руководствам обычно роль бассейновых институтов заключается в осуществлении трех основных функций:

1. мониторинг, проведение исследований, координирование и регулирование;

2. планирование и финансирование;

3. разработка и управление.

Важнее всего то, что эти руководства советуют речным бассейновым организациям видеть «целостную» картину, стремиться к лидерству в вопросах управления водными ресурсами на бассейновом уровне и одновременно полноценно информировать и вовлекать в процесс лиц и разработчиков отраслевой политики, представляющих все сектора экономики и уровни системы управления водными ресурсами, как частный, так и государственный сектор. В частности, руководства ЮНЕСКО входят в серию документов по стратегическому планированию управления водными ресурсами и включают рекомендации по планированию распределения водных ресурсов в пределах речного бассейна.

Составление планов управления речными бассейнами – требование Водной рамочной директивы Европейского союза (ВРД), представляет собой всеобъемлющий комплексный подход к управлению водными ресурсами и экосистемами. ПУРБ используются для целей улучшения здоровья населения и повышения качества водных ресурсов и экосистем, а также содействия экономическому развитию и согласованности отраслевых политик. Выходной документ – это ясный и понятный не только техническим специалистам план управления речным бассейном (ПУРБ), ПУРБ готовят по хорошо отработанной методике, с участием заинтересованной общественности для повышения степени ее информированности, и для информирования лиц, принимающих решения. Процесс подготовки ПУРБ в соответствии с Приложением VII к ВРД показан во Вставке 3.2. ПУРБ обычно состоит из нескольких глав, к которых представлены: основные характеристики рассматриваемого бассейна (существующее положение, основные движущие силы и негативные факторы, влияющие на водные ресурсы и экосистемы бассейна); диагностика основных проблемных вопросов и вызовов, сложившиеся тренды и цели, программа мер и приложения с представлением итоговой информации.

Источники: ОЭСР (2016[2]), *OECD Council Recommendation on Water* (Рекомендация Совета ОЭСР по воде), OECD, Paris, https://www.oecd.org/environment/resources/Council-Recommendation-on-water.pdf; ОЭСР (2015[3]), *Water Resources Governance in Brazil* (Управление водными ресурсами в Бразилии), OECD Publishing, Paris, http://dx.doi.org/10.1787/9789264238121-en.

В 2020 году Беларусь намеревается принять национальный план действий по достижению национальных целевых показателей в области водоснабжения, водоотведения и санитарии, общественной гигиены и здравоохранения, установленных в соответствии с Протоколом по проблемам воды и здоровья (ПВЗ). Установление таких национальных показателей – обязательное требование, выдвигаемое ко всем сторонам Протокола; Беларусь присоединилась к ПВЗ в 2009 году. При поддержке ВИЕС+ страна пересмотрела изначально установленные в 2013 году национальные целевые показатели для приведения их в соответствие с целями и принципами Повестки дня в области устойчивого развития на период до 2030 года и соответствующими компонентами водной политики ЕС, такими как профилактика; обеспечение безопасности; управление, основанное на оценке рисков; равноправный доступ к санитарно-гигиеническим средствам и уделение внимания этому вопросу.

Проект ВИЕС+ также поддержал среднесрочное планирование на местном уровне в пилотном районе. Таким районом был выбран Копыльский район Минской области. Беларусь проработала рекомендации по развитию систем питьевого водоснабжения в сельских населенных пунктах (снп), что является значительным вкладом в будущую районную схему водоснабжения и водоотведения (ВСиВО) на среднесрочную перспективу. И наконец, в исследовании, проводимом ОЭСР, были рассмотрены варианты восстановления гидромелиоративных систем в пилотных районах Гомельской области (в бассейне реки Припять), где воздействие изменения климата на водные ресурсы более ощутимо, чем в других областях страны.

1.3. Укрепление сотрудничества в области охраны и использования трансграничных водных объектов

Эффективное трансграничное сотрудничество – ключевая цель водной политики Беларуси, которая имеет общие речные бассейны с рядом стран – членов ЕС, стран ВП и Российской Федерацией (далее – Россия). Проект ВИЕС+ поддержал деятельность межправительственных органов и их рабочих групп по верхнему Днепру и Припяти; а также обеспечил участие Беларуси в рабочих группах, созданных в рамках Конвенции ЕЭК ООН по охране и использованию трансграничных водотоков и международных озер.

При поддержке Европейского союза в рамках проекта ВИЕС+ ЕЭК ООН также оказала содействие участию белорусских делегаций в переговорах об охране и использовании трансграничных рек и проведении экспертной работы с сопредельными с Республикой Беларусь Латвией и Литвой. Дополнительно, в рамках ВИЕС+, стране была оказана методологическая поддержка и содействие в наращивании потенциала для выполнения положений Водной конвенции и ведения отчетности по показателю ЦУР 6.5.2 по трансграничному сотрудничеству в области водопользования (в 2018 и 2020 годах).

1.4. Совершенствование национальной системы мониторинга и управления данными как основы для принятия управленческих решений в водном секторе

Для отслеживания прогресса в достижении Целей устойчивого развития (ЦУР), связанных с водой и закрепленных в проекте Водной стратегии до 2030 года, требуется национализация показателей (индикаторов) и создание соответствующей системы мониторинга. Для решения этих задач Беларусь при поддержке ВИЕС+ разработала методики расчета показателей (индикаторов) и мониторинга прогресса в реализации ЦУР 6.3–6.5 и интегрировала их в Государственный водный кадастр. Это позволило автоматизировать расчёт показателей для различных уровней (территориально-административный, по речным бассейнам, по видам экономической деятельности) и расширить возможности обмена информацией по показателям ЦУР со всеми заинтересованными сторонами. Национальный статистический комитет Республики Беларусь (далее – Белстат) одобрил эти показатели (индикаторы) и методики, которые затем были утверждены Министерством природных ресурсов и охраны окружающей среды РБ в ноябре 2019 года. Параллельно ВИЕС+ оказала поддержку в наращивании экспертного потенциала и совершенствовании национальной системы отчетности по показателю (индикатору) ЦУР 6.5.2.

До участия в проекте ВИЕС+ у Беларуси имелись надежные системы мониторинга поверхностных и подземных вод по сравнению с другими странами ВП[4], однако им не хватало соответствия стандартам ВРД. Беларусь нуждалась в наращивании потенциала в области управления данными, лабораторного оборудования и в развитии компетенций сотрудников для осуществления гидрохимического, гидробиологического и гидроморфологического мониторинга в полевых и лабораторных условиях. Поэтому в рамках проекта ВИЕС+ были проведены тренинги для повышения квалификации сотрудников лабораторий и была поставлена линейка современного лабораторного оборудования[5]. К моменту завершения проекта лабораторное оборудование должно быть установлено и полностью введено в эксплуатацию, а сотрудники лаборатории – пройти обучение по его использованию и по управлению качеством в целом. Ожидается, что это мероприятие значительно повысит уровень доверия к аналитическим данным страны, приведет их в соответствие с надлежащей практикой ЕС и требованиями ВРД.

Для наращивания потенциала в области формирования качественных аналитических данных Беларусь стремилась совершенствовать управление данными по водным ресурсам. Целью являлось достижение максимальной прозрачности и качества собранных данных, служащих основной для принятия управленческих решений. В рамках проекта ВИЕС+ было осуществлено картирование всех соответствующих лиц, участвующих в управлении данными, а также планировалось оказать поддержку в приобретении сервера базы данных. Это могло бы заложить основу для создания платформы по обмену данными между множеством заинтересованных сторон. Такая платформа могла бы обеспечить доступ к имеющимся базам данных, сформированным и управляемым государственными организациями. Беларуси понадобится национальная стратегия управления данными для обеспечения надлежащего управления данными и укрепления доверия к ним.

1.5. Пилотные действия по повышению водной безопасности на местном уровне

Для Беларуси приоритезация и управление реализацией Водной стратегии до 2030 года, ПУРБ, Протокола по проблемам воды и здоровья (ПВЗ), будущей Стратегии по водоснабжению и водоотведению (канализации), а также связанных с ними среднесрочных планов и программ мероприятий станут вызовом. Для оказания поддержки этому процессу в рамках ВИЕС+ реализован ряд местных пилотных проектов по нескольким направлениям.

Пилотный проект в Копыльском районе Минской области ориентирован на комплексное решение местных проблем в области устойчивого водопользования. В этом преимущественно сельском районе местная администрация поддержала проведение глубокого анализа ситуации с целью решения проблем, связанных с управлением водными ресурсами. Мероприятие включало разработку новых технологических нормативов водопотребления и водоотведения для водоемких предприятий, а также рекомендаций в отношении будущей схемы питьевого водоснабжения сельских населенных пунктов. В случае успешной реализации пилотных мероприятий в Копыльском районе, может быть рассмотрена возможность реплицирования этого опыта в ряде других районов страны.

Планы управления суббассейнами, как например те, которые были поддержаны в рамках ПУРБ Днепра (река Уза и система малых водотоков на территории города Могилева), также могли бы способствовать решению местных вопросов в контексте более масштабного процесса бассейнового планирования.

1.6. Наращивание местного потенциала

В течение шестимесячной установочной фазы проекта ВИЕС+ была выявлена потребность в наращивании местного потенциала в ряде областей, таких как стратегическое планирование и применение экономических инструментов управления водными ресурсами, а также отчетность по ЦУР 6.5.2. На уровне речного бассейна ВИЕС+ укрепила экспертный потенциал посредством проведения семинаров и исследований по вопросам планирования, мониторинга, управления данными и привлечения общественности.

Для развития местного экспертного потенциала в области использования экономических инструментов управления водными ресурсами ВИЕС+ оказала поддержку в разработке учебных материалов, в которых приводятся примеры как из Беларуси, так и стран – членов ЕС и других стран региона ВЕКЦА. Заинтересованные государственные университеты уже начали использовать эти материалы в качестве дополнительных к основной программе подготовки будущих экономистов, специализирующихся в области водного хозяйства, и специалистов по разработке и практическому проведению отраслевой политики.

Проект ВИЕС+ также оказал стране поддержку в наращивании потенциала по проведению стратегической экологической оценки (СЭО) после того, как СЭО стала обязательной в 2017 году. В частности, была оказана поддержка проведению СЭО проекта Водной стратегии на период до 2030 года. Национальные эксперты приняли участие в двух обучающих семинарах в июле 2019 года и марте 2020 года, состоявшихся в Минске, для углубления своих знаний о проведении СЭО и используемых методах, а также для обучения составлению докладов.

Воздействие мероприятий по наращиваю потенциала в области определения границ поверхностных и подземных водных объектов, разработки ПУРБ и проведения полевых исследований (биологических, химических, гидроморфологических характеристик), а также совершенствования проведения лабораторных анализов обсуждается в разделе 2.3.

Примечания

[1] Восточное партнерство – это совместная инициатива, запущенная в мае 2009 года на саммите в Праге. Ее целью является углубление и укрепление экономических и стратегических отношений между ЕС и шестью странами Восточной Европы и Кавказа: Арменией, Азербайджаном, Беларусью, Грузией, Молдовой и Украиной.

[2] Партнерами-исполнителями проекта ВИЕС+ являются Агентство по окружающей среде Австрии (UBA, *Umweltbundesamt*), Международный офис воды Франции (OIEau, *Office international de l'eau*), ОЭСР и ЕЭК ООН.

[3] В Республике Беларусь ПУРБ Днепра покрывает ту часть бассейна Днепра, которая находится в пределах страны, за исключением его главного притока - р. Припять, для которой разработан отдельный ПУРБ, Припять впадает в Днепр уже на территории Украины·

[4] В частности, государственное учреждение «Республиканский центр аналитического контроля и мониторинга окружающей среды» (РЦАК) в Минске был аккредитован в соответствии с международным стандартом EN ISO/IEC 17025.

[5] РЦАК в Минске получил жидкостные хромато-масс-спектрометры и масс-спектрометры, позволяющие определять содержание в воде дополнительных приоритетных (согласно ВРД) веществ, таких как перфторированные органические соединения, пестициды и гексабромциклододексан. РЦАК в Гомеле получил атомно-флуоресцентный спектрометр для определения остаточного содержания ртути в поверхностных водах. В 2020 году филиал «Центральная лаборатория» РУП «Научно-производственный центр по геологии» получил расходные материалы для проведения лабораторных анализов подземных вод.

Ссылки

European Commission (2019), *Introduction to the EU Water Framework Directive (Введение в Водную рамочную директиву ЕС)*, http://ec.europa.eu/environment/water/water-framework/info/intro_en.htm. [1]

OECD (2016), *OECD Council Recommendation on Water (Рекомендация Совета ОЭСР по воде)*, OECD, Paris. [2]

OECD (2015), *Water Resources Governance in Brazil*, OECD Studies on Water, OECD Publishing, Paris, https://dx.doi.org/10.1787/9789264238121-en. [3]

2 Состояние дел

В данной главе представлен обзор состава и распределения водных ресурсов страны по территории речных бассейнов и областей Беларуси. Глава повествует о воздействии изменения климата и других антропогенных нагрузок на количество, качество и сезонное наличие водных ресурсов, также как о прогрессе Беларуси в снижении водоемкости экономики страны в последние годы. В главе представлены четыре ситуационных исследования, демонстрирующих разнообразие вызовов, стоящих перед различными областями Беларуси, в которых наблюдаются разные водообеспеченность и демографические тенденции и нагрузки. В главе также приводится характеристика инструментов водной политики и нормативно-правовой, регуляторной и институциональной базы, формирующих систему управления водными ресурсами страны. В отношении мониторинга поверхностных и подземных вод в главе представлены конкретные примеры того, каким образом в стране осуществлялись определение границ водных объектов и мониторинг качества воды в них при поддержке проекта Водная инициатива Европейского союза плюс для стран Восточного партнерства.

2.1. Состояние водных ресурсов в Беларуси

В Республике Беларусь (далее – Беларусь) реки водосборных бассейнов несут свои воды в двух направлениях: одни текут на север и северо-запад, впадая в Балтийское море (например, Западная Двина / Даугава, Неман и Западный Буг), другие – на юг и юго-восток, устремляясь к Черному морю (например, Днепр и Припять). При этом на реки бассейна Черного моря приходится около 55 % объема поверхностного стока, а бассейна Балтийского моря – остальной объем.

Сеть больших и средних рек в сочетании с приблизительно 10 000 озер гарантируют достаточно высокий уровень обеспеченности страны пресноводными ресурсами. Из 57,9 млрд м³ стока рек, протекающих по территории Беларуси, 58 % формируется в стране (Минприроды, 2018[1]). В среднем за год большие и средние реки Беларуси проносят около 57,9 км³ пресной воды по территории страны. Общий речной сток может достигать 92,4 км³, а также падать до 37,2 км³ в год (Деревяго, И. и Дубенок, С., 2020[2]).

Учитывая относительное изобилие ресурсов речного стока и небольшое население страны (9,5 млн жителей), удельная обеспеченность водными ресурсами в Беларуси составляет 3 590 м³ воды на человека в год (UNECE, 2016[3]). Это выше, чем в более крупных соседних странах (Польше и Украине), но несколько уступает меньшим по территории Латвии и Литве (Рисунок 2.1).

Рисунок 2.1. Более высокая удельная водообеспеченность Беларуси по сравнению с более крупными соседними странами

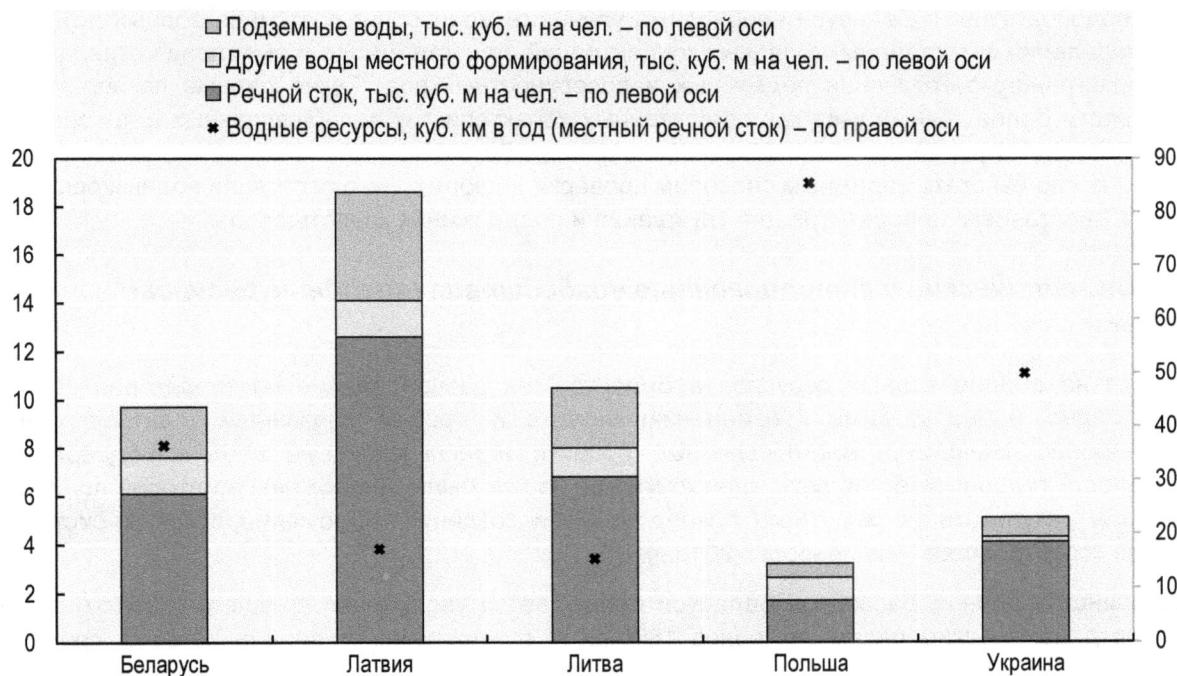

Источник: Минприроды (2018[1]), «Стратегия управления водными ресурсами в условиях изменения климата на период до 2030 года (проект)», РУП «Центральный научно-исследовательский институт комплексного использования водных ресурсов», Министерство природных ресурсов и охраны окружающей среды Республики Беларусь.

Последняя масштабная оценка прогнозных эксплуатационных ресурсов подземных вод Беларуси проводилась в первой половине 1980-х годов, однако их фактический потенциал оценивается в 49,6 млн. м³/сутки. В естественный химический состав большинства этих грунтовых вод входят растворенные минералы вмещающих пород, такие как бор, железо, кремний и гидросульфиды. Подземные воды уже используются как питьевая, минеральная бутилированная вода, а также в санаториях (Минприроды, 2018[1]). *Стратегия управления водными ресурсами в условиях изменения климата на период до 2030* рекомендует провести дальнейшее изучение особенностей и потенциала использования подземных водных ресурсов Беларуси.

Часто в естественном составе подземных вод Беларуси, как и множества других стран Восточной Европы, отмечаются высокие концентрации железа. К другим растворенным минералам, обычно содержащимся в подземных водах страны в относительно высоких концентрациях, относятся марганец, бор и фтор. Такая вода из подземных источников в лучшем случае неприятна на вкус, в худшем – она непригодна для потребления человеком без соответствующей очистки.

В силу естественных условий, связанных с подземными геохимическими процессами взаимодействия воды и вмещающих пород, содержание железа в воде 70 % скважин на территории Беларуси и 90-95 % скважин в южном приграничном регионе Белорусского Полесья превышает уровень предельно допустимой концентрации (0,3 мг/л). Такая вода требует предварительной водоподготовки в части обезжелезивания, чтобы ее качество удовлетворяло требованиям к качеству питьевой воды (Деревяго, И. и Дубенок, С., 2020[2]).

Помимо содержания растворенных минералов в естественном составе большинства подземных вод страны, неглубоко залегающие подземные водоносные горизонты также страдают от значительного антропогенного загрязнения, в основном вызванного хранением и захоронением сельскохозяйственных химикатов, как от точечных, так и диффузных источников. Недопущение загрязнения источника водоснабжения такими веществами лучше, чем очистка от них воды на стадии водоподготовки. Беларуси необходимо улучшить мониторинг состояния водных объектов для определения естественных фоновых концентраций веществ в воде и выявления страдающих от антропогенного загрязнения подземных и поверхностных вод. Такие данные позволили бы стране вести более точный учет как естественных характеристик воды, связанных с процессами взаимодействия грунтовых вод и вмещающих пород, так и антропогенной нагрузки, а это, в свою очередь, могло бы стать надежным способом проверки информации о состоянии водных ресурсов страны и расстановки приоритетов для улучшения и поддержания качества воды.

2.1.1. Климатические и антропогенные воздействия на водные ресурсы Беларуси

Несмотря на обилие водных ресурсов в Беларуси, их распределение по территории страны неравномерно, и они уязвимы к изменению климата и угрозам, связанным с антропогенной деятельностью. Например, многочисленные родники играют ключевую роль в поддержании стабильности гидрологической сети, однако многие из них были уничтожены во второй половине XX века в результате неграмотного планирования и создания гидромелиоративных систем и объектов строительства (Минприроды, 2018[1]).

В большинстве речных бассейнов Беларуси наблюдается увеличение среднего годового стока. Согласно динамическим рядам за период 1880–2015 гг., произошло увеличение 85 % среднего стока рек в стране в летние и осенние месяцы. Наблюдался статистически значимый рост средних значений величины стока 49 % рек Беларуси, а для 18 % рек эти значения более чем удвоились. Подземное питание 15 % рек сократилось, однако статистически значимые сдвиги произошли только в реках Случь и Вилия. Строительство Солигорского водохранилища в 1967 году и Вилейско-Минской водной системы в 1976 году имели колоссальные последствия для этих двух рек.

Считается, что увеличение стока рек в летне-осенний период вызвано использованием дренажных сетей. Если раньше вода собиралась на торфяных болотах и постепенно испарялась, то сегодня она все чаще стекает в дренажные каналы (Волчек А. и др., 2017[4]). Создание гидромелиоративных систем в 1960-1980 годах привело к осушению 20 000 км² водно-болотных угодий (преимущественно торфяных болот); особенно это затронуло южные приграничные территории страны в Белорусском Полесье.

Осушение водно-болотных угодий (по некоторым оценкам было безвозвратно сброшено 5,6 км³ воды) в совокупности привело к понижению уровней грунтовых вод, особенно в центральных и южных регионах страны, местами достигающее 1–1,5 м (Деревяго, И. и Дубенок, С., 2020[2]). За этот период общая минерализация подземных вод, включая концентрацию сульфатов, железа и кальция, возросла, тогда как концентрация органических веществ снизилась. Также наблюдалось повышение минерализации поверхностных вод. Ситуацию усугубило интенсивное использование минеральных удобрений на дренируемых землях, что привело к повышению концентраций азота и фосфора в поверхностном стоке.

За последние сто лет в водном режиме рек страны произошли климатообусловленные изменения, особенно во внутригодовом распределении стока. Примером тому служит сдвиг пика весеннего половодья на более ранние даты, начиная с 1980-х годов. По всей стране он сместился с середины марта (на юго-западе) и середины-конца апреля (на северо-востоке) на март. Максимальные значения стока во время весеннего половодья заметно снизились в период 1966–2005 годы по сравнению с 1877–1965 годами. Повышение среднегодовых температур привело к учащению оттепелей зимой, что вызвало уменьшение снегозапасов к концу маловодного зимнего периода. Как в случае всех климатообусловленных изменений, наблюдаемая в стране ситуация не была везде одинаковой (см. раздел 2.2). Некоторые области, как Гродненская, например, были затронуты сильнее, чем другие (как например, Брестская). В общей сложности, в более поздний вышеобозначенный период максимальные значения весеннего стока в среднем по стране снизились на 43 % по сравнению с более ранним периодом (Волчек А. и др., 2017[4]).

Внезапные паводки, особенно в летние и осенние месяцы, когда наблюдается рост большей части культур, либо собирается урожай, часто экономически более разрушительны, чем весеннее половодье. В целом, в большинстве речных бассейнов с течением времени отмечается снижение интенсивности и амплитуды дождевых паводков. Самым заметным исключением является бассейн реки Припять (Волчек А. и др., 2017[4]).

В зимние же месяцы, наоборот, подземное питание 90 % рек Беларуси увеличилось. В целом в 53 % рек произошли статистически значимые изменения, а объем стока 20 % рек более чем удвоился. Увеличение подземного стока в зимний период прежде всего обусловлено климатическими факторами: так, более высокие средние зимние температуры приводят к оттепелям, повторяющимся все с более регулярной частотой (Волчек А. и др., 2017[4]).

Деятельность человека оказывала и продолжает оказывать значительное воздействие на качество воды. Осушение болот привело к повышению цветности подземных вод из-за загрязнения их водорастворимыми гумусовыми веществами. В подземные воды также поступают такие продукты минерализации торфа как аммонийные и нитратные соединения. По рекам Припять и Днепр в Черное море с осушенных болот попадает около 1,5 млн тонн минеральных и около 700 000 тонн водорастворимых органических веществ (Деревяго, И. и Дубенок, С., 2020[2]).

Сброс коммунально-бытовых и производственных сточных вод наряду с диффузными источниками загрязнения, такими как вынос загрязняющих веществ с поверхностным стоком с урбанизированных и сельскохозяйственных территорий, также приводит к ухудшению качества воды. К основным источникам загрязнения водных ресурсов относятся: фильтрат с полигонов и свалок твердых коммунальных отходов, утилизация осадков, поля фильтрации и хранилища удобрений. Такими же крупными источниками загрязнения являются сброс неочищенных сточных вод животноводческими фермами, а также коммунально-бытовые и поверхностные сточные воды, поступающие от крупных городов (например, сточные воды г. Минска сбрасываются в реку Свислочь).

Канализационным очистным сооружениям (КОС), построенным во многих малых и средних городах в 1970-1980-х годах, требуется модернизация или реконструкция. Они не могут обеспечить выполнение современных требований к качеству очистки сточных вод, в т.ч. Директивы Совета ЕС об очистке городских сточных вод, особенно по удалению азота и фосфора (Деревяго, И. и Дубенок, С., 2020[2]).

Загрязнение воды агропромышленным комплексом, как от диффузных, так и точечных источников, может привести к превышению допустимых уровней содержания азота, фосфора, калия и натрия в поверхностном стоке, который может попасть в водотоки и водоемы, в подземные воды. В Беларуси сельское население в малых населенных пунктах пользуется нецентрализованными источниками водоснабжения, такими как колодцы, не имея достаточной информации о качестве воды в них. В результате, потребление загрязненной сельскохозяйственными нитратами питьевой воды представляет риск для здоровья. Проведенные анализы подтверждают, что время от времени содержание нитратов в воде превышает предельно допустимую концентрацию в несколько раз. Более того, пробы воды, отбираемые из колодцев, находящихся вблизи сельскохозяйственных угодий, часто не удовлетворяют нормативным требованиям к питьевой воде по химическим и микробиологическим показателям (Деревяго, И. и Дубенок, С., 2020[2]). На некоторых территориях еще одной проблемой, связанной с качеством пресной воды, являются пестициды (например, в Минской области).

Водные ресурсы в Беларуси имеют большое значение не только, потому что потребляются человеком, но также благодаря роли, которую они играют в поддержании биологического разнообразия и ценных экосистем. В Беларуси множество болот, озерных систем и других водных объектов, поддерживающих хрупкие и относительно редкие в Европе экосистемы. Представителей флоры и фауны водно-болотных угодий становится все меньше по причине нагрузки, оказываемой на них изменением климата. Ситуацию усугубляют антропогенные факторы, такие как фрагментация биоценозов, приводящая к их деградации (UNECE, 2016[3]).

2.1.2. Водопользование в Беларуси

Основным вызовом в контексте обеспечения водной безопасности является нахождение баланса между экономическими потребностями и экологическими соображениями в отношении использования водных ресурсов. Во всем мире к наиболее важным вызовам относятся нехватка пресной воды по сравнению с имеющимся и прогнозируем спросом, а также нерациональное использование воды в ирригационных целях в сельскохозяйственном секторе. Кроме того, многие регионы, включая ЕС, по причине высокой концентрации промышленной деятельности, столкнулись со следующим вызовом: необходимостью снизить отрицательное воздействие сброса промышленных сточных вод на окружающую среду. В Беларуси наблюдается высокий уровень удельной водообеспеченности по сравнению со средними мировыми значениями и менее интенсивная промышленная деятельность по сравнению с ЕС. Самым большим вызовом для страны является повышение эффективности использования воды конечными потребителями, особенно домашними хозяйствами и водоемкими отраслями промышленности, такими как производство продуктов питания (Деревяго, И. и Дубенок, С., 2020[2]).

В Беларуси доля потребления воды на сельскохозяйственные нужды (36 %) ниже средних мировых значений (69 %), но выше средних европейских (25 %) (Рисунок 2.2), тогда как доля потребления воды на нужды промышленности (25 %) выше, чем в среднем в мире (19 %), но более чем в два раза ниже, чем в Европе (54 %). Основными потребителями воды в Беларуси являются домашние хозяйства (39 %), что значительно превышает средние уровни водопользования в Европе и в мире (21 % и 12 %, соответственно).

В Беларуси имеются возможности более эффективного использования потенциала водных ресурсов на различных уровнях. Например, проектируемая на реке Западная Двина / Даугава

Бешенковичская гидроэлектростанция с установленной мощностью 33 мегаватт (МВт) также могла бы использоваться для развития возобновляемых источников энергии. Еще одним примером является развитие внутреннего водного транспорта, а также озерного и речного туризма и рекреации. А гидроэнергетический потенциал водотоков Беларуси – особенно в бассейнах рек Неман, Западная Двина/Даугава и Днепр – достигает 850 МВт, из которых 520 МВт технически доступный потенциал, включая 250 МВт – экономически целесообразный для использования (Деревяго, И. и Дубенок, С., 2020[2]).

Рисунок 2.2. Водопользование в Беларуси, Европе и мире в разрезе секторов экономики

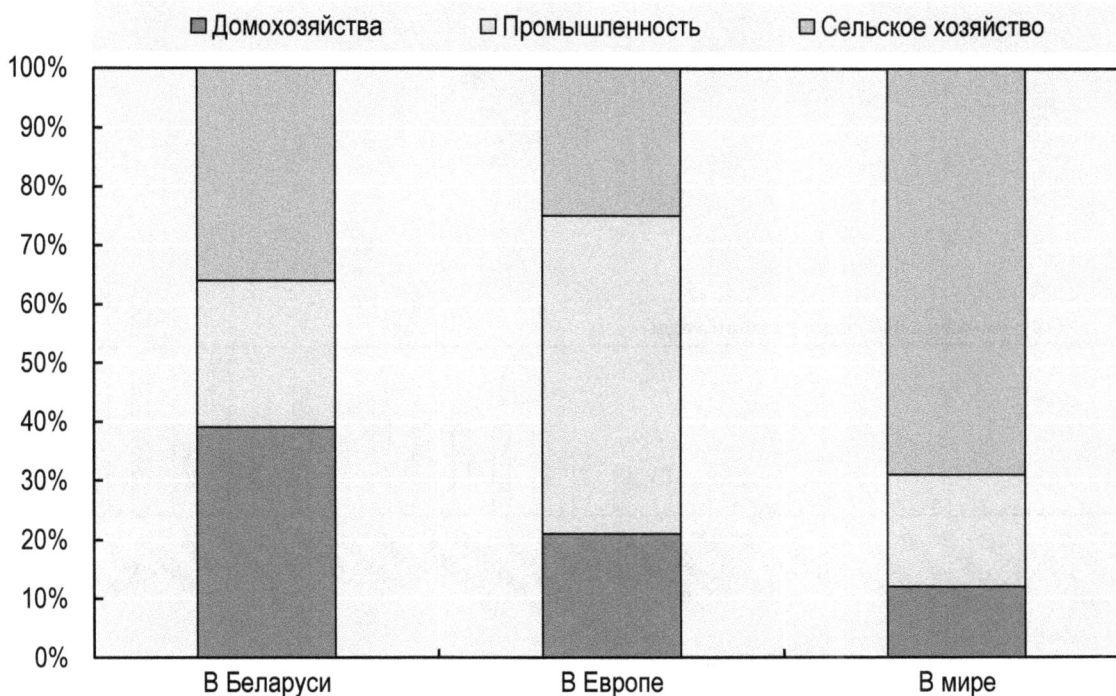

Источник: Деревяго И. и Дубенок С. (2020[2]), «Экономические инструменты управления водными ресурсами и объектами и водохозяйственными системами в Республике Беларусь: тематические материалы проекта «Водная инициатива ЕС плюс для Восточного партнерства», Белорусский государственный технологический университет.

И хотя домохозяйства являются основными конечными потребителями воды в Беларуси, принимая во внимание численность населения страны, установленная мощность централизованных систем водоснабжения республики сильно завышена и составляет 4,3 млн м³ воды в сутки, тогда как в среднем поставляется лишь 1,6 млн м³ воды в сутки, т. е. используется чуть более 1/3 установленной мощности. Система состоит из 10 197 водозаборных артезианских скважин, 598 станций обезжелезивания и 38 200 км водоводов и водопроводных сетей. Уровень физического износа большей части системы водоснабжения нередко приводит к ухудшению качества водопроводной воды (Деревяго, И. и Дубенок, С., 2020[2]).

Несмотря на использование в стране в целом централизованных систем водоснабжения и водоотведения (ВСиВО) завышенной мощности, население многих небольших сельских населенных пунктов не имеет доступа к централизованным системам питьевого водоснабжения.

В целом, с учетом большого количества возобновляемых ресурсов пресных вод и в сравнении с другими европейскими странами, годовой объем водопотребления в Беларуси невысок. Объем добычи (изъятия) пресной воды составляет всего 4,8 % от общего объема имеющихся пресноводных ресурсов, это намного ниже 25-процентного минимального порога дефицита воды (Рисунок 2.3). Объем добычи (изъятия) воды в 2016 году составил 1 405 млн м³, из которых 365 млн м³ было изъято из поверхностных водных объектов и 819 млн м³ добыто из подземных водных объектов (Минприроды, 2018[1]).

Рисунок 2.3. Беларусь входит в число европейских стран, объем добычи (изъятия) воды в которых ниже минимального порога дефицита воды

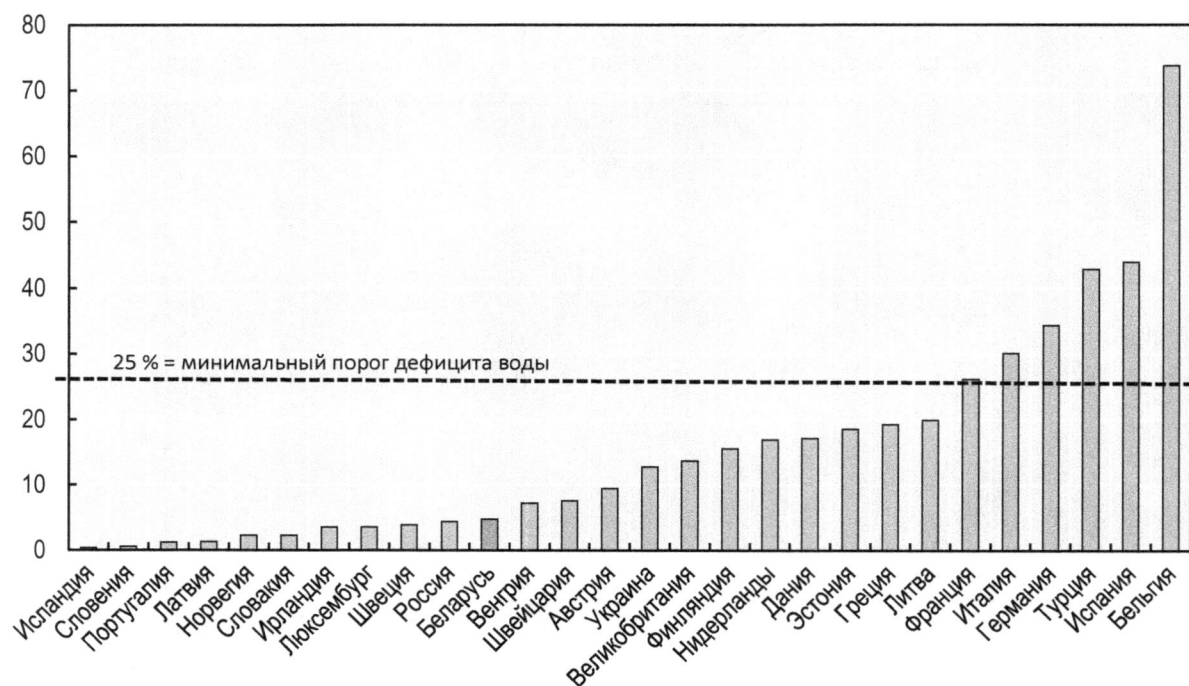

Примечание: Данные по Финляндии, Греции, Норвегии и Португалии за 2005 год; данные по Австрии, Бельгии, Дании, Франции, Германии, Ирландии, Швеции, Швейцарии и Великобритании за 2010 год; данные по Беларуси, Эстонии, Венгрии, Исландии, Италии, Латвии, Литве, Люксембургу, Нидерландам, Российской Федерации, Словакии, Словении, Испании, Турции и Украине за 2015 год.
Источник: ФАО (год не указан[5]), "Sustainable Development Goals: Indicator 6.4.2 – Level of water stress: Freshwater withdrawal as a proportion of available freshwater resources" («Цели устойчивого развития: показатель 6.4.2 – Уровень нагрузки на водные ресурсы: забор пресной воды в процентном отношении к имеющимся запасам пресной воды»), веб-страница, www.fao.org/sustainable-development-goals/indicators/642/en/

В Беларуси, как и во многих странах Восточной Европы[1], наблюдается постепенное сокращение численности населения. Объемы водопотребления в стране также сокращаются (Рисунок 2.4). В частности, как показывает Рисунок 2.4(b), расход воды на хозяйственно-бытовые нужды сократился за последние два десятилетия, тогда как потребление воды в иных целях мало изменилось. Рисунок 2.4(a) показывает, что сокращение численности населения наблюдается преимущественно в сельских населенных пунктах (особенно за пределами Минской области), тогда как в городах наблюдается незначительный прирост (особенно заметный в г. Минске). Если эта тенденция сохранится, объемы водопотребления в Беларуси в целом будут продолжать уменьшаться, особенно в сельских населенных пунктах периферийных территорий страны. Одновременно Минск и другие разрастающиеся города способны увеличить нагрузку на местные водные ресурсы.

Как показывает Рисунок 2.4(b), домохозяйства являются основными потребителями воды в Беларуси, опередив промышленность и сельское хозяйство, в структуре водопотребления которого основной объем свежей воды используется на нужды рыбного прудового хозяйства. Потребление воды рыбным прудовым хозяйством в несколько раз превышает потребление воды другими подотраслями сельского хозяйства страны. В 2014 году, однако, доля подотрасли рыбного хозяйства в ВВП страны была небольшой и составляла всего около 0,1 %, тогда как доля сельского хозяйства составляла 7,7 % ВВП (ЮНИТЕР, 2016[6]). Примерами особенно водоемких отраслей экономики Беларуси являются производство целлюлозно-бумажной продукции, продуктов нефтепереработки и пластика, пищевая промышленность (ЦНИИКИВР, 2019[7]).

Рисунок 2.4. Постепенное снижение численности населения и объемов водопользования за последние два десятилетия

(a) Динамика численности населения в Беларуси по областям (1996 г., 2001–2019 гг.)

(b) Объемы добычи (изъятия) воды и водопользования в Беларуси (2004–2016 гг.)

Примечание: (a) Численность населения на начало каждого календарного года; (b) отраслевых данных за 2010 год не имеется; «на орошение» относится к орошаемому земледелию, а «на нужды сельского хозяйства» – к прочим видам сельскохозяйственного водопользования.
Источник: (a) Белстат (2019[8]), «Численность населения по областям и г. Минску», Национальный статистический комитет Республики Беларусь, www.belstat.gov.by/ofitsialnaya-statistika/solialnaya-sfera/naselenie-i-migratsiya/naselenie/godovye-dannye/; (b) ЦНИИКИВР (2018[9]), «Стратегия управления водными ресурсами в условиях изменения климата на период до 2030 года (проект)», РУП «Центральный научно-исследовательский институт комплексного использования водных ресурсов», Министерство природных ресурсов и охраны окружающей среды Республики Беларусь; Минприроды (2011[10]), «Водная стратегия Республики Беларусь на период до 2020 года», Министерство природных ресурсов и охраны окружающей среды Республики Беларусь, www.minpriroda.gov.by/ru/new_url_1649710582-ru/.

И хотя объемы водопользования в стране сокращаются, экономика Беларуси продолжает расти. Это обеспечивает повышение водоэффективности экономики, поскольку на единицу выпуска продукции расходуется меньше воды (Рисунок 2.5). Для сравнения: в 1990 году на единицу ВВП (1 000 долл. США по ППС) расходовалось 52,1 м³ воды, в 2000 году на эту же единицу выпуска продукции – 31,3 м³ воды, а в 2018 году – 7,3 м³. Такое значительное повышение водоэффективности экономики было достигнуто благодаря ряду факторов. Так, в Беларуси стали использоваться водосберегающие технологии. Также были разработаны и внедрены технологические нормативы водопользования для водоёмких предприятий. Кроме того, были повышены плата за добычу и изъятие воды, а также тарифы на услуги водоснабжения, и улучшен учет расхода воды предприятиями и домохозяйствами. В результате водоемкость экономики Беларуси оказалась ниже, чем в других стран ВП и даже некоторых странах – членах ЕС, таких как Литва, Польша и Франция, хотя немного выше, чем в Германии и Латвии (Рисунок 2.6).

Рисунок 2.5. Динамика снижения водоемкости экономики Беларуси

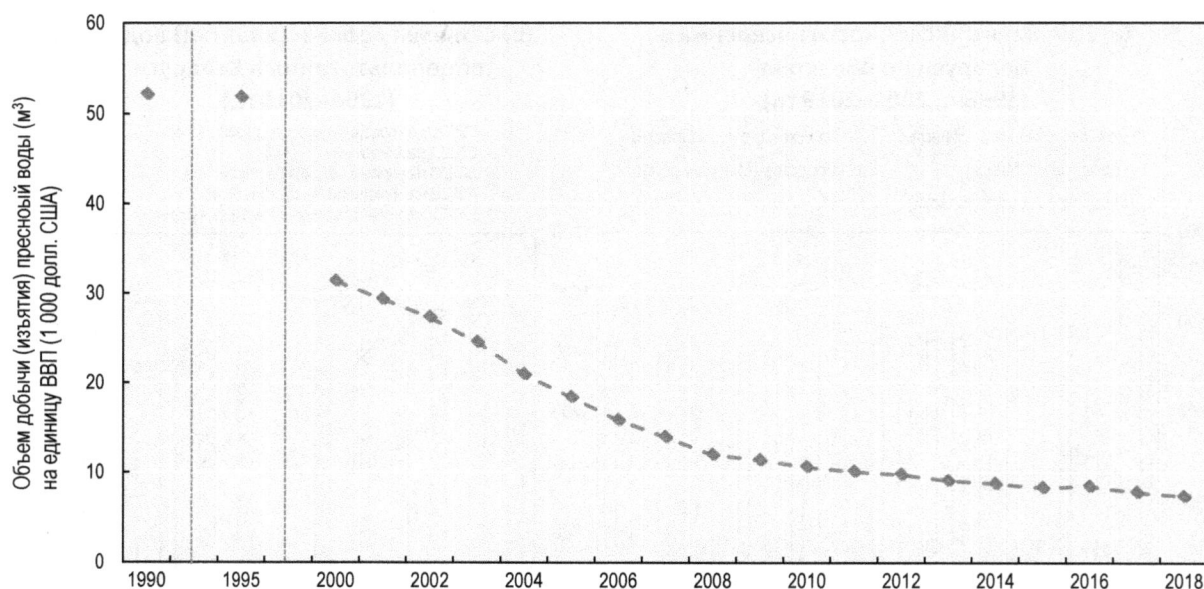

Примечание: данные по ВВП – 1 000 долл. США по паритету покупательной способности, в текущих международных долларах.
Источник: Белстат (2019[11]), С.3. Водопотребление, Национальный статистический комитет Республики Беларусь, www.belstat.gov.by/ofitsialnaya-statistika/makroekonomika-i-okruzhayushchaya-sreda/okruzhayuschaya-sreda/sovmestnaya-sistema-ekologicheskoi-informatsii2/c-vodnye-resursy/c-3-vodopotreblenie/; Всемирный банк (2020[12]), *World Development Indicators* (Показатели мирового развития) (база данных), https://data.worldbank.org/.

Рисунок 2.6. Водоемкость экономик Беларуси, стран ВП и некоторых стран – членов ЕС

Расход пресной воды в кубических метрах (м³) на 1 000 долл. США по паритету покупательной способности (ППС), в текущих международных долларах. (Все приведенные данные за 2015 год, только данные по Германии за 2016 год)

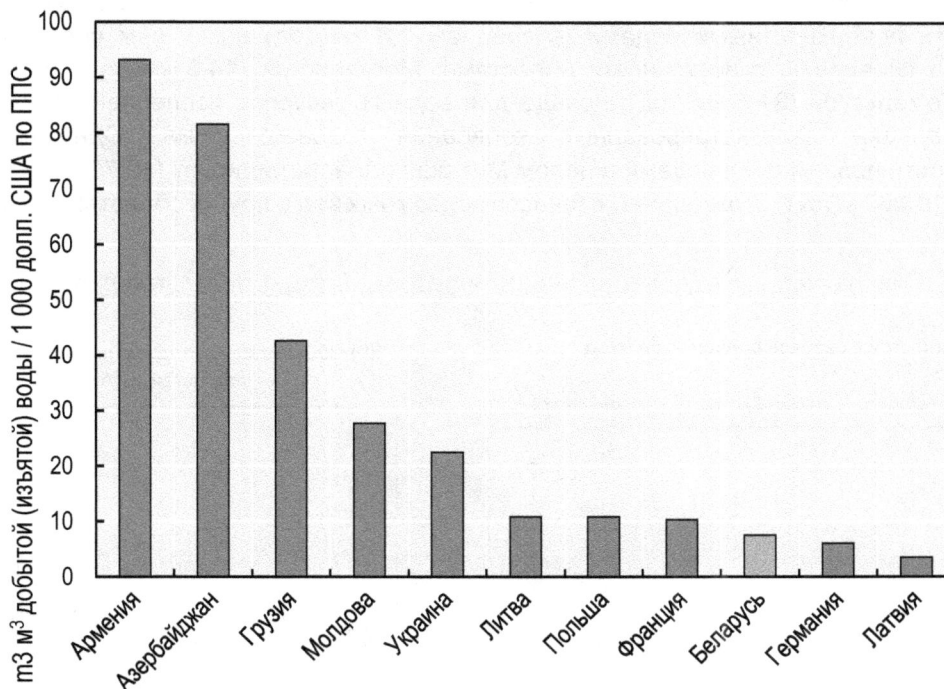

Примечание: данные по ВВП – 1 000 долл. США по паритету покупательной способности, в текущих международных долларах. Данные по Украине не включают данные по временно оккупированной территории Автономной Республики Крым, г. Севастополь и временно оккупированным территориям районов Донецкой и Луганской областей.

Источник: Статистический комитет Республики Армения (2020[13]), «Водозабор, млн м³ / 2020», *Динамические ряды* (база данных), www.armstat.am/en/?nid=12&id=14004&submit=Search; Государственный комитет по статистике Азербайджанской Республики (2020[14]), 9.1 Su ehtiyatlarının mühafizəsini və onlardan istifadə edilməsini səciyyələndirən əsas göstərici (9.1 Ключевые показатели в области охраны и использования водных ресурсов) (база данных), www.stat.gov.az/source/environment/az/009_1.xls; Белстат (2019[11]), С.3. Водопотребление (база данных), Национальный статистический комитет Республики Беларусь, www.belstat.gov.by/ofitsialnaya-statistika/makroekonomika-i-okruzhayushchaya-sreda/okruzhayuschaya-sreda/sovmestnaya-sistema-ekologicheskoi-informatsii2/c-vodnye-resursy/c-3-vodopotreblenie/; Европейское агентство по охране окружающей среды (2018[15]), "C2 – Freshwater Abstraction in Georgia" («Забор пресной воды в Грузии»), *проект ENI SEIS II East* (Внедрение принципов и методов Совместной системы экологической информации (SEIS) в странах Восточного партнерства) (база данных), https://eni-seis.eionet.europa.eu/east/indicators/c2-2013-freshwater-abstraction-in-georgia; Национальное бюро статистики Республики Молдова (2019[16]), "The Main Indicators of Water Use, 2001-2018" («Основные показатели водопользования, 2001–2018 годы»), *Water Use* (Водопользование) (база данных), http://statbank.statistica.md/PxWeb/pxweb/en/10%20Mediul%20inconjurator/10%20Mediul%20inconjurator__MED020/MED020100.px/; Государственная служба статистики Украины (2018[17]), *Основные показатели использования и охраны водных ресурсов* (база данных), https://ukrstat.org/en/operativ/operativ2006/ns_rik/ns_e/opvvr_rik_e2005.htm; Евростат (2020[18]), Fresh water abstraction by source - million m³ (Забор пресной воды в разрезе источников – млн м³) (база данных), https://ec.europa.eu/eurostat/databrowser/view/ten00002/default/table?lang=en; Всемирный банк (2020[12]), *World Development Indicators* (Показатели мирового развития) (база данных), https://data.worldbank.org/.

2.2. Распределение водных ресурсов по областям и уровень развития водохозяйственных систем в Беларуси

Шесть административных областей Беларуси (белор. *вобласць*) и её 118 районов значительно различаются по уровню обеспеченности водными ресурсами (Рисунок 2.7). Население и экономика страны сосредоточены в центральном регионе страны – Минской области. Однако обеспеченность этой области поверхностными водами (в среднем 7,6 км³/год) ниже, чем соседних областей, особенно по сравнению с восточными областями: Могилевской (14,6 км³/год), Витебской (18,1 км³/год) и Гомельской (31,5 км³/год); правда для водных ресурсов последней также характерны намного большие зарегистрированные колебания годового стока. Однако по уровню обеспеченности подземными водами в целом Минская область лидирует (10 700 м³/сут), также как Витебская (10 260 м³/сут). Разведанных запасов подземных вод в других областях намного меньше.

Рисунок 2.7. Общие запасы водных ресурсов в разрезе административных областей

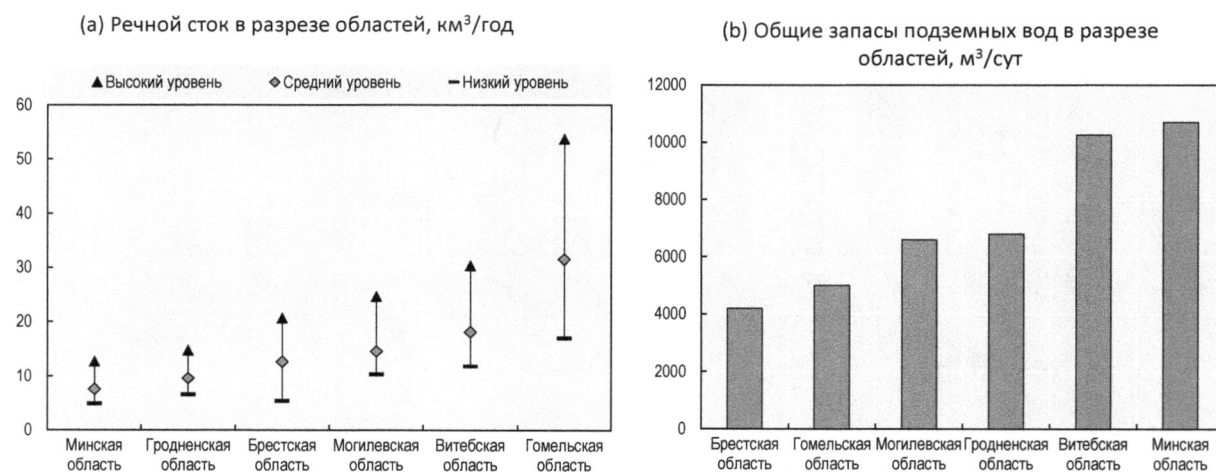

(a) Речной сток в разрезе областей, км³/год

(b) Общие запасы подземных вод в разрезе областей, м³/сут

Источник: ЦНИИКИВР (2019[7]), Водные ресурсы, их использование и качество вод (за 2018 год), РУП «Центральный научно-исследовательский институт комплексного использования водных ресурсов», Министерство природных ресурсов и охраны окружающей среды Республики Беларусь.

На территории Беларуси находятся пять трансграничных речных бассейнов (Рисунок 2.8).

Реки двух из них впадают в Черное море:

- Днепр – его речной бассейн в пределах Республики Беларусь находится на востоке и занимает большую часть территории Могилевской области, а также затрагивает Гомельскую, Витебскую и Минскую области;
- Припять – ее речной бассейн в пределах Республики Беларусь расположен на юге, в Гомельской, Минской и Брестской областях.

Реки остальных трех бассейнов впадают в Балтийское море:

- Западный Буг – его речной бассейн в пределах Республики Беларусь находится на юго-западе страны, преимущественно в Брестской области;
- Неман – его речной бассейн расположен на западе, большей частью в Гродненской области, но также в Минской и Брестской областях;
- Западная Двина/ Даугава – ее речной бассейн находится на севере, преимущественно в Витебской области.

Рисунок 2.8. Речные бассейны Беларуси

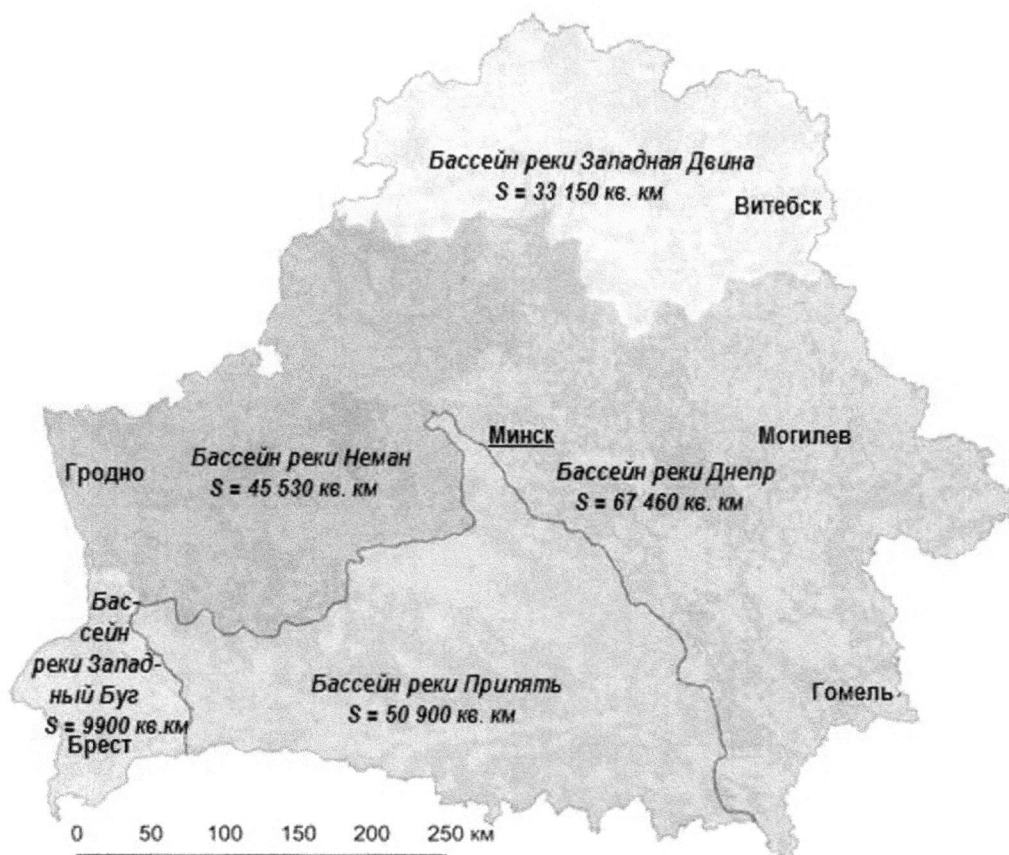

Источник: РУП «ЦНИИКИВР».

В Беларуси количество воды, выносимое реками с их бассейнов, изменилось с течением времени. Согласно прогнозам специалистов республиканского унитарного предприятия «Центральный научно-исследовательский институт комплексного использования водных ресурсов» (ЦНИИКИВР) и Брестского государственного технического университета объемы стока значительно изменятся в будущем. В период 1985–2009 годы объемы стока в бассейнах Днепра и особенно Западной Двины/Даугавы увеличились осенью – зимой и уменьшились весной - в начале лета, по сравнению с периодом 1961–1984 годов (Рисунок 2.9а). Схожие изменения объема стока в первом полугодии календарного года наблюдались в бассейнах рек Неман и Припять, при этом в октябре-декабре объем стока р. Припяти уменьшался, тогда как сток в бассейне р. Неман во втором полугодие в целом оставался стабильным (Волчек А. и др., 2017[4]).

Прогнозируется, что средний годовой объем стока рек Западной Двины/Даугавы и Немана (в большей степени это касается северных и западных территорий страны) увеличится к 2035 году, тогда как сток Западного Буга, Днепра и особенно Припяти – уменьшится (Рисунок 2.9b).

Эти различия наиболее заметны летом. Ожидается, что в летние месяцы сток реки Западной Двины/Даугавы возрастет на 21 % по сравнению с сегодняшними значениями, а Западного Буга и Припяти снизится на 23 % и 25 %, соответственно.

В зимние месяцы во всех речных бассейнах будут наблюдаться более высокие значения стока (Неман – +20 %; Западная Двина/Даугава – +11 %; Западный Буг – +8 %; Днепр – +4 %), исключение будет составлять бассейн реки Припять (-1 %). В весенние и осенние месяцы объемы стока в бассейнах рек Западная Двина/Даугава и Западный Буг увеличатся, а Припяти и Днепра уменьшатся. Прогнозируется, что объем стока в бассейне реки Неман будет незначительно возрастать в летние месяцы и сокращаться осенью (Волчек А. и др., 2017[4]).

Чтобы проиллюстрировать разнообразные вызовы, стоящие перед белорусскими областями, в разделах 2.2.1–4 приведены четыре краткие характеристики: (1) Витебской области, относительно хорошо обеспеченной водными ресурсами; (2) г. Минска, где уровень нагрузки на водные ресурсы высок в силу демографического роста; (3) Гомельской области, столкнувшейся с проблемой сезонной нехватки воды; и (4) сельской местности на примере Копыльского района Минской области.

Рисунок 2.9. Наблюдаемые и прогнозируемые тенденции сезонной изменчивости стока в разрезе речных бассейнов

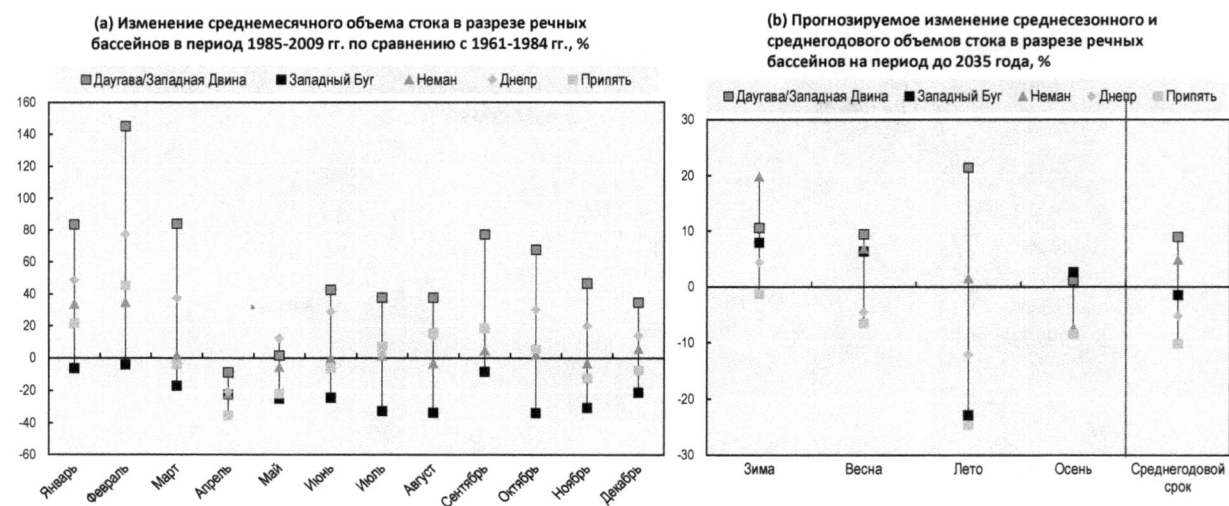

(a) Изменение среднемесячного объема стока в разрезе речных бассейнов в период 1985-2009 гг. по сравнению с 1961-1984 гг., %

(b) Прогнозируемое изменение среднесезонного и среднегодового объемов стока в разрезе речных бассейнов на период до 2035 года, %

Источник: Волчек и др. (2017[4]), «Водные ресурсы Беларуси и их прогноз с учетом изменения климата», РУП «Центральный научно-исследовательский институт комплексного использования водных ресурсов», Министерство природных ресурсов и охраны окружающей среды Республики Беларусь, Альтернатива, Брест.

2.2.1. Витебская область

Витебская область находится на севере Беларуси и граничит на западе с Литвой, на северо-западе с Латвией и на востоке и северо-востоке с Российской Федерацией (далее – Россия). Это одна из самых богатых водными ресурсами областей страны, почти вся ее территория распложена в речном бассейне Западной Двины/Даугавы, где наблюдается и, согласно прогнозам, будет наблюдаться увеличение объема стока (Деревяго, И. и Дубенок, С., 2020[2]; Волчек А. и др., 2017[4]). Площадь бассейна реки Западная Двина/Даугава составляет 87 900 км². Большая часть территории бассейна находится в Беларуси (38 %), 27 % приходится на Латвию, 21 % – на Россию и 14 % – на Эстонию и Литву. В период 1988–2010 гг. в бассейне реки Западная Двина/Даугава отмечалось увеличение объема зимних паводков на 20–40 % по сравнению с 1966–1987 годами, тогда как интенсивность дождевых и весенних паводков снизилась (Волчек А. и др., 2017[4]).

Промышленный, сельскохозяйственный и энергетический сектора интенсивно используют воды бассейна реки Западная Двина/Даугава. Западная Двина/Даугава также является одной из основных судоходных артерий страны, предоставляющей 108,9 км водных путей в пределах речного бассейна. В Витебской области на реке Западной Двине/Даугаве действуют две крупнейшие в стране гидроэлектростанции (ГЭС): Витебская ГЭС (40 МВт) и Полоцкая ГЭС (21,7

МВт). В совокупности эти две гидроэлектростанции генерируют около двух третей суммарной мощности гидроэлектростанций страны – 95,8 МВт. Строительство третьей крупной ГЭС (Бешенковичской ГЭС) проектной мощностью 33 МВт также планируется в бассейне реки Западная Двина/Даугава в Витебской области (Минприроды, 2018[11]). А крупнейшая в стране электростанция мощностью 2 889,5 МВт – работающая на газе Лукомольская государственная районная электростанция (ГРЭС) – расположена на берегах реки Западной Двины/Даугавы.

Озера и водно-болотные угодья – неотъемлемая часть пейзажей и природной среды бассейна Западной Двины/Даугавы. Они играют ключевую роль в регулировании и формировании речного стока, а также самоочищении воды. Глобальное значение водно-болотных экосистем данного речного бассейна связано с их уникальным биологическим разнообразием. Качество и количество водных ресурсов бассейна Западной Двины/Даугавы зависит от эффективного управления ими в водосборном бассейне. В свою очередь, эффективное управление водными ресурсами оказывает значительное воздействие на экологическое состояние Балтийского моря.

2.2.2. Город Минск

В отличие от Витебской области, где общий объем добычи (изъятия) воды в 2018 году составил лишь около 1 % от среднегодового объема запасов воды в области, столичный Минск и окружающая его Минская область имеют в распоряжении меньший объем водных ресурсов и используют их более интенсивно (Рисунок 2.10). В совокупности Минск и Минская область расходуют около 7 % от общего среднегодового объема запасов воды области, что на сегодняшний день является самым высоким уровнем водопотребления в стране. Город Минск, где проживает более 20 % населения Беларуси и где производится более 30 % ВВП страны, оказывает значительную нагрузку на водные ресурсы Минской области: после города Могилева по объему удельного водопотребления на душу населения в сутки он занимает второе место в стране (Рисунок 2.11). А так как Минск и Минская область - единственные в республике, где наблюдается прирост населения в течение последних двух десятилетий (Белстат, 2019[19]), нагрузка на водные ресурсы области, вероятней всего, продолжит расти.

Тогда как в остальных областях Беларуси в качестве источника питьевой воды используются исключительно подземные воды, в г. Минске в этих целях также используются и поверхностные воды в силу высокого числа водопользователей. Крупный канал длиной 62,5 км – Вилейско-Минская водная система – был построен в 1968–1976 годы и снабжает растущее население столицы водой посредством переброса ее из Вилейского водохранилища на реке Вилия (бассейна реки Неман) в реку Свислочь (бассейн Днепра) (Деревяго, И. и Дубенок, С., 2020[2]). И хотя канал вносит вклад в обеспечение водной безопасности на местном уровне, смешивание вод Балтийского и Черного морей может привести к распространению инвазивных видов, а это, в свою очередь, – к изменению водных экосистем и их хозяйственного использования.

Рисунок 2.10. Объем добычи (изъятия) пресных вод в разрезе областей в процентном отношении к среднегодовому объему запасов водных ресурсов

По левой оси – объем добычи (изъятия) воды в 2018 году (в млн м³); по правой оси – процентное отношение к среднегодовому объему запасов водных ресурсов области

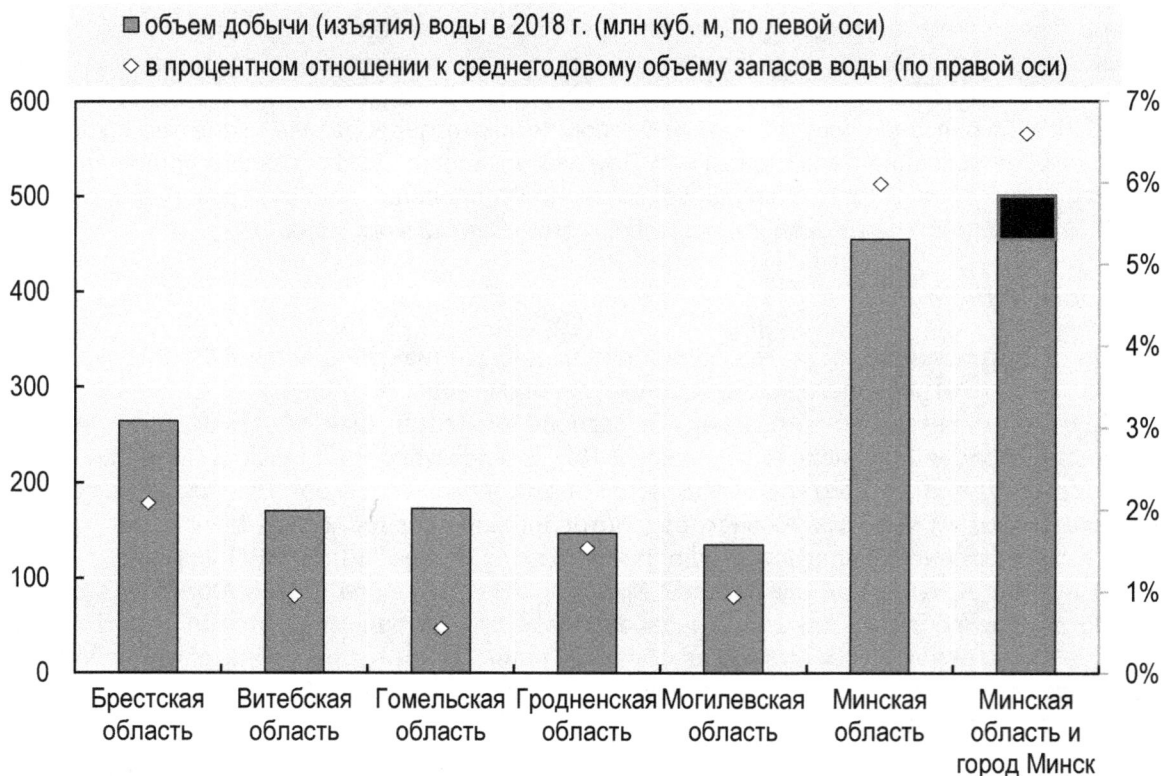

Примечание: Данных о среднегодовых объемах запасов водных ресурсов в городе Минске не имеется.

Источник: ЦНИИКИВР (2019[7]), Государственный водный кадастр: Водные ресурсы, их использование и качество вод (за 2018 год), РУП «Центральный научно-исследовательский институт комплексного использования водных ресурсов», Министерство природных ресурсов и охраны окружающей среды Республики Беларусь.

Рисунок 2.11. Удельное водопотребление на душу населения в сутки в разрезе областей и городов (2017 год)

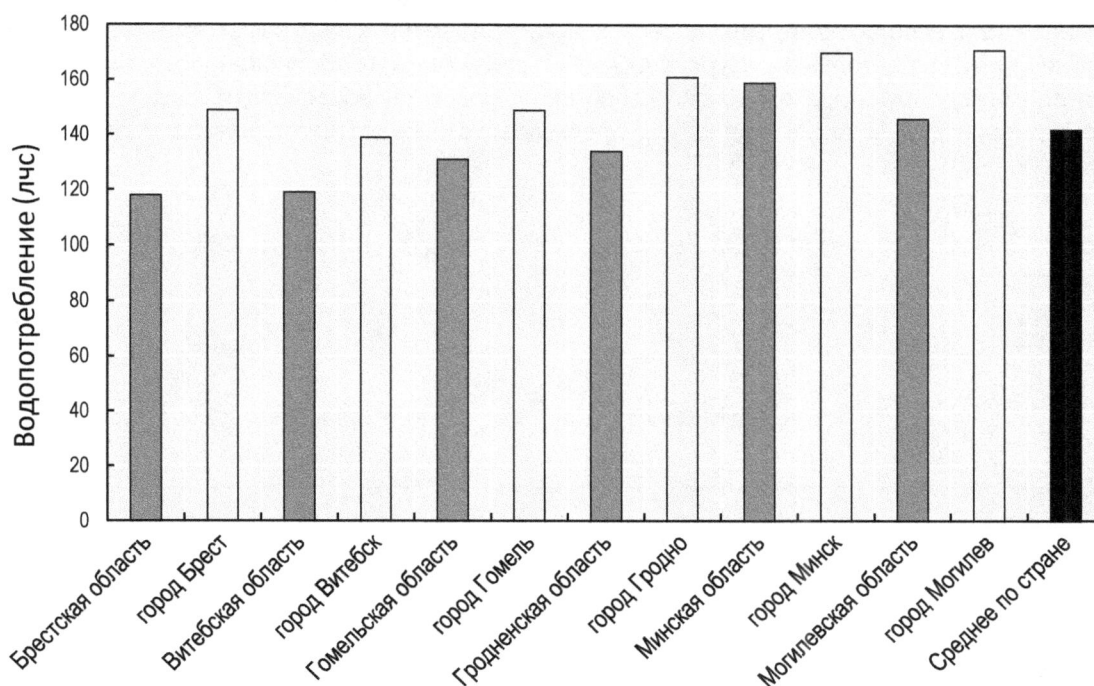

Источник: Деревяго, И. и Дубенок, С. (2020[2]), «Экономические инструменты управления водными ресурсами и объектами и водохозяйственными системами в Республике Беларусь: тематические материалы проекта «Водная инициатива ЕС плюс для Восточного партнерства», Белорусский государственный технологический университет.

2.2.3. Гомельская область

В Гомельской области местами наблюдается сезонная нехватка воды. Находясь на юго-востоке страны, на юге она граничит с Украиной, а на востоке – с Россией. Наряду с Брестской областью Гомельская область одна из самых наименее обеспеченных подземными водами областей Беларуси, однако она богата уникальными и к тому же разнообразными поверхностными водными ресурсами, равных которым нет в стране (ЦНИИКИВР, 2019[7]). Прогнозируется, что в вегетационный период сток крупнейшей в области реки Припяти уменьшится на 25 % к 2035 году по сравнению с сегодняшним объемом. Отчасти это связано с уменьшением количества осадков по причине изменения климата. Эти прогнозируемые изменения могут усугубить колебание уровней воды в поверхностных водных объектах Гомельской области в ключевой для экономики период, учитывая важность сельскохозяйственного сектора для области. Сельское хозяйство, лесоводство и рыбоводство и рыболовство (СЛР) обеспечивает 12,2 % валового регионального продукта (ВРП) области, что делает ее вторым крупнейшим сельскохозяйственным регионом страны после Брестской области (13,5 % ВРП) (Белстат, 2019[20]). В некоторых сельскохозяйственных районах Гомельской области уже отмечается, что уменьшение объемов речного стока и количества осадков отрицательно сказывается на урожайности культур.

К 1980-м годам гидромелиоративные системы уже были достаточно хорошо развиты и успешно использовались; орошаемое земледелие являлось крупным потребителем воды. Однако за последние три десятилетия использование таких систем в сельскохозяйственном секторе значительно сократилось (Рисунок 2.12), в результате гидромелиоративная инфраструктура страны была заброшена и пришла в упадок. Учитывая сезонную нехватку воды в Гомельской области, восстановление гидромелиоративных систем могло бы положительно сказаться на поддержании водной безопасности и сельскохозяйственной производительности области. В качестве альтернативы, можно было бы вывести некоторые земли из сельскохозяйственного пользования или использовать для посева менее водоемкие культуры в ответ на воздействие изменения климата на водные ресурсы. Оценка экономической обоснованности восстановления или адаптации гидромелиоративных систем области, ровно как воздействия этого мероприятия на водную безопасность, а также оценка его преимуществ и недостатков начата в рамках проекта ВИЕС+ в мае 2020 года.

Рисунок 2.12. Использование воды на орошение в Беларуси в период 1990-2015 годы, в разрезе источников водоснабжения

в млн м³ в год

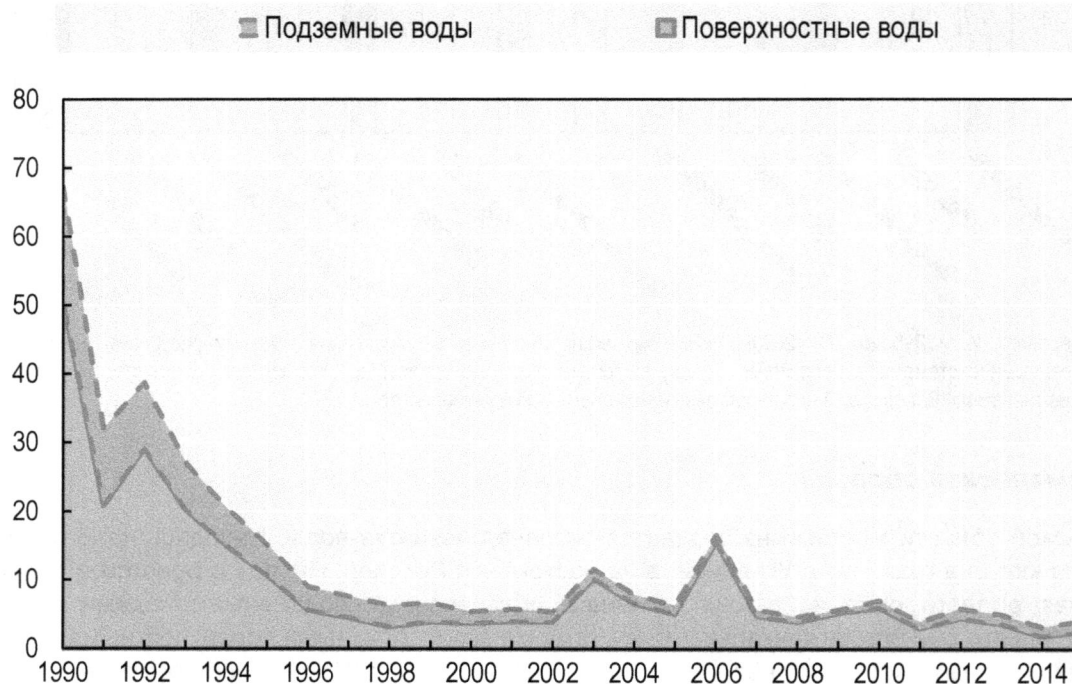

Источник: РУП «ЦНИИКИВР».

2.2.4. Копыльский район, Минская область

В Беларуси обеспечен практически всеобщий доступ городского населения к услугам централизованного водоснабжения (98,5 %) и водоотведения (92,8 %). Однако в сельских населенных пунктах доступ населения к этим услугам значительно ниже: лишь 65,9 % сельских жителей пользуется услугами централизованного водоснабжения и только 37,9 % – услугами централизованного водоотведения. Около 1,5 млн белорусов (более 15 % населения), преимущественно в сельских населенных пунктах, пользуются нецентрализованными источниками водоснабжения, такими как неглубокие колодцы. Во многих из них чистки и регулярного текущего ремонта, а также контроля качества воды в них для обеспечения безопасного потребления такой воды человеком не проводится (Минприроды, 2018[1]).

В этом отношении Копыльский район Минской области является примером существенных различий в обеспечение городского и сельского населения услугами водоснабжения и водоотведения. В городе Копыль, крупнейшем населенном пункте района, к услугам централизованного водоснабжения имеет доступ 98 % населения, тогда как в сельских населенных пунктах – лишь 27 % (Рисунок 2.13). В Копыльском районе находится несколько сельскохозяйственных поселений (агрогородков), 70% населения которых подключено к системам централизованного водоснабжения. Из десяти сельсоветов (административно-территориальных единиц района) лишь в двух более 50% населения имеет доступ к услугам централизованного водоснабжения (Рисунок 2.14).

Особенностью сектора водоснабжения Копыльского района является деятельность нетрадиционных операторов. Так кроме коммунального унитарного предприятия «Копыльское ЖКХ», водоснабжением части населения района занимаются также сельскохозяйственные предприятия и даже государственные учебные заведения (школы) (Раздел 3.2.2.1).

Рисунок 2.13. Доля населения, подключенного к централизованным системам водоснабжения в Копыльском районе (%)

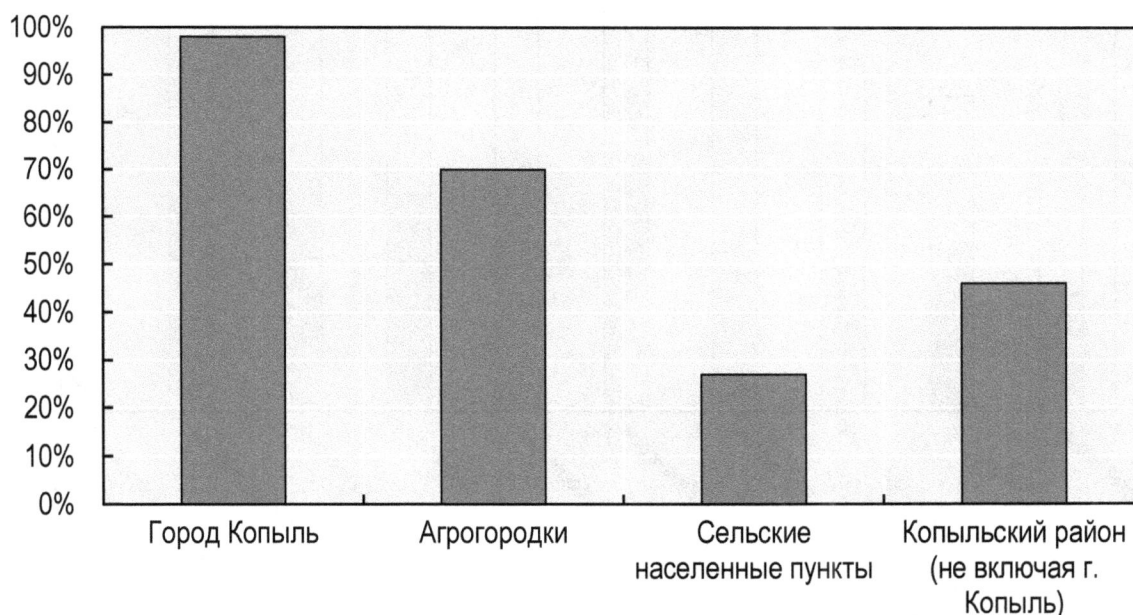

Источник: ЦНИИКИВР (2019[21]), «Разработка рекомендаций по развитию систем хозяйственно-питьевого водоснабжения в Копыльском районе Минской области Беларуси», документ подготовлен группой экспертов под руководством г-жи П. Н. Захарко из РУП «Центральный научно-исследовательский институт комплексного использования водных ресурсов», Министерство природных ресурсов и охраны окружающей среды Республики Беларусь.

Рисунок 2.14. Доля населения, подключенного к централизованным системам питьевого водоснабжения, в разрезе сельсоветов

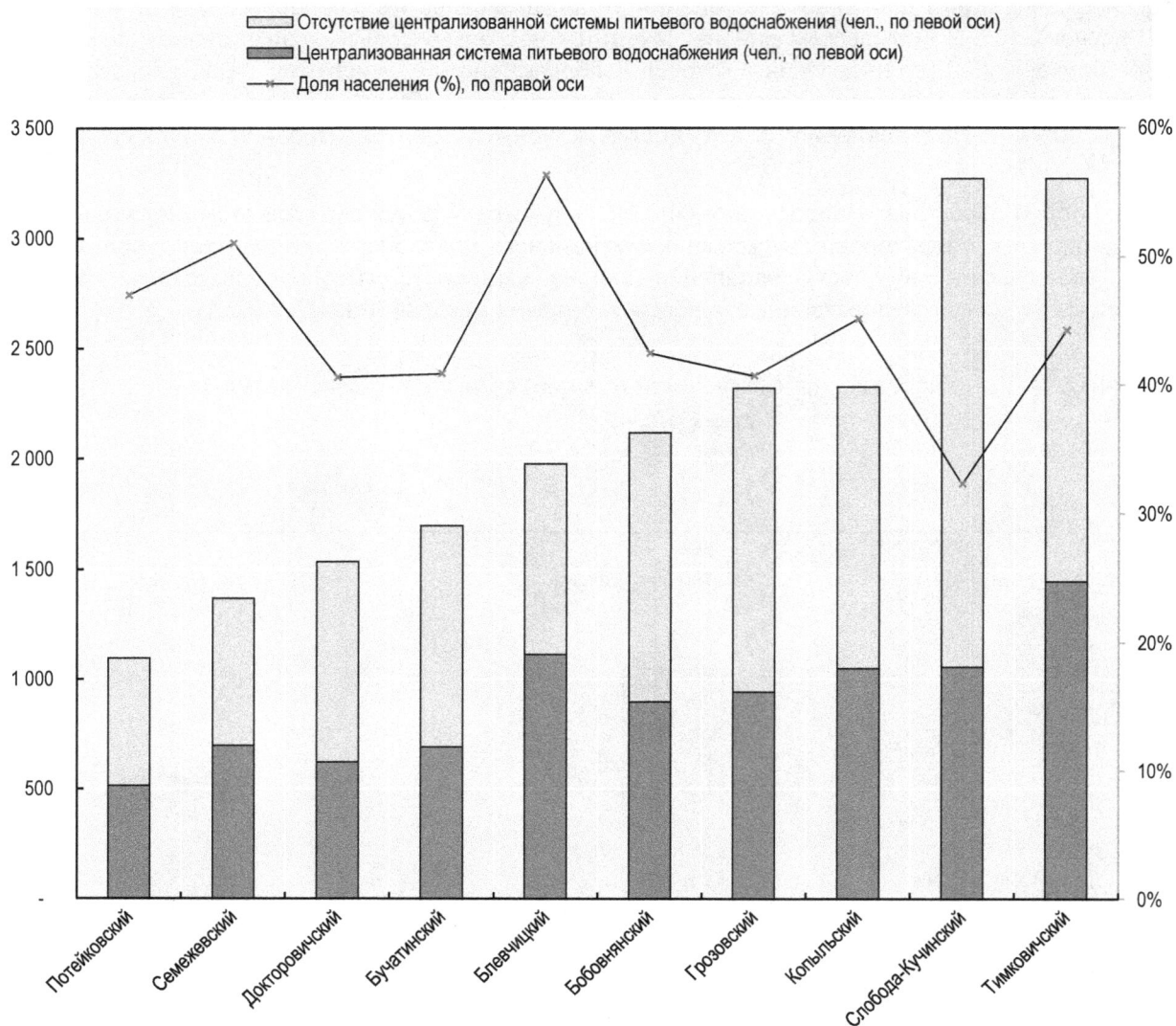

Источник: ЦНИИКИВР (2019[21]), «Разработка рекомендаций по развитию систем хозяйственно-питьевого водоснабжения в Копыльском районе Минской области Беларуси», документ подготовлен группой экспертов под руководством г-жи П. Н. Захарко из РУП «Центральный научно-исследовательский институт комплексного использования водных ресурсов», Министерство природных ресурсов и охраны окружающей среды Республики Беларусь.

Отсутствие централизованных систем водоснабжения в сельских населенных пунктах Копыльского района приводит к бесконтрольному забору воды лицами из нецентрализованных источников водоснабжения (например, шахтных и трубчатых колодцев). Лишь малая доля таких источников подвергается регулярному санитарно-гигиеническому контролю. Поскольку не существует четко прописанных договоров о праве собственности на такие источники водоснабжения, их техническое обслуживание проводится нерегулярно, а правила санитарно-гигиенического использования источников воды для питьевого водоснабжения часто не соблюдаются (ЦНИИКИВР, 2019[21]).

В силу низкой плотности населения Копыльского района во многих сельских населенных пунктах строительства централизованных систем питьевого водоснабжения не планируется, поэтому использование нецентрализованных источников и далее неизбежно. Численность населения в половине из 208 сельских населенных пунктов (снп) района составляет 30 человек и менее, а население в 58 сельских населенных пунктах – не более 10 человек. Население таких небольших снп продолжит пользоваться нецентрализованными источниками водоснабжения, однако потребуется осуществлять надзор за их состоянием с целью контроля качества воды в них для снижения риска для здоровья населения. Например, организация, занимающаяся вопросами водоснабжения, могла бы как минимум один раз в год проводить чистку и осуществлять ремонт колодцев, а органы санэпиднадзора – регулярно контролировать качество воды в них (ЦНИИКИВР, 2019[21]). Проект Водной стратегии до 2030 года включает эти рекомендации, а также механизмы мониторинга их выполнения.

Вода из неглубоких колодцев с большей вероятностью загрязнена агрохимикатами, особенно нитратами, в результате чего она может стать непригодной для потребления человеком, поэтому рекомендуемая глубина скважин составляет 70–90 м (ЦНИИКИВР, 2019[21]).

Инфраструктура централизованного водоснабжения Копыльского района не обслуживает всего населения района, хотя ее мощность значительно завышена, судя по числу насосных станций и скважинных насосов. Установленная мощность насосных станций составляет 10 000 м³/сут, тогда как в среднем населению поставляется менее одной десятой от этого объема (800 м³/сут). Объем воды, которым скважины способны снабжать подключенное население, во много раз превышает его потребности. Например, в сельском населенном пункте Лесное установлен насос, способный поставлять 18 480 м³ воды в месяц, тогда как в 2017 году фактический объем потребленной воды был в 12 раз ниже установленной мощности (лишь 1 500 м³/мес., максимум). Инфраструктура подобной завышенной мощности требует переменного режима работы насосов, что приводит к увеличению эксплуатационных затрат и при отсутствии надлежащего технического обслуживания – к быстрому износу насосов (Борденюк, 2018[22]).

В химическом составе подземных вод Копыльского района отмечается повышенное содержание железа, что характерно для подземных вод Беларуси. За пределами города Копыль в районе имеется только две станции обезжелезивания, и обе принадлежат КУП «Копыльское ЖКХ». Эти станции работают далеко не в полную силу (2 000 м³/сут по сравнению с установленной мощностью 10 000 м³/сут) (Борденюк, 2018[22]). Учитывая высокое содержание железа в подземных водах, добываемых из артезианских скважин Копыльского района (Рисунок 2.15), используемая инфраструктура для обеспечения населения качественной питьевой водой развита недостаточно.

Рисунок 2.15. Качество воды в артезианских скважинах Копыльского района: содержание железа и мутность, в мг/л

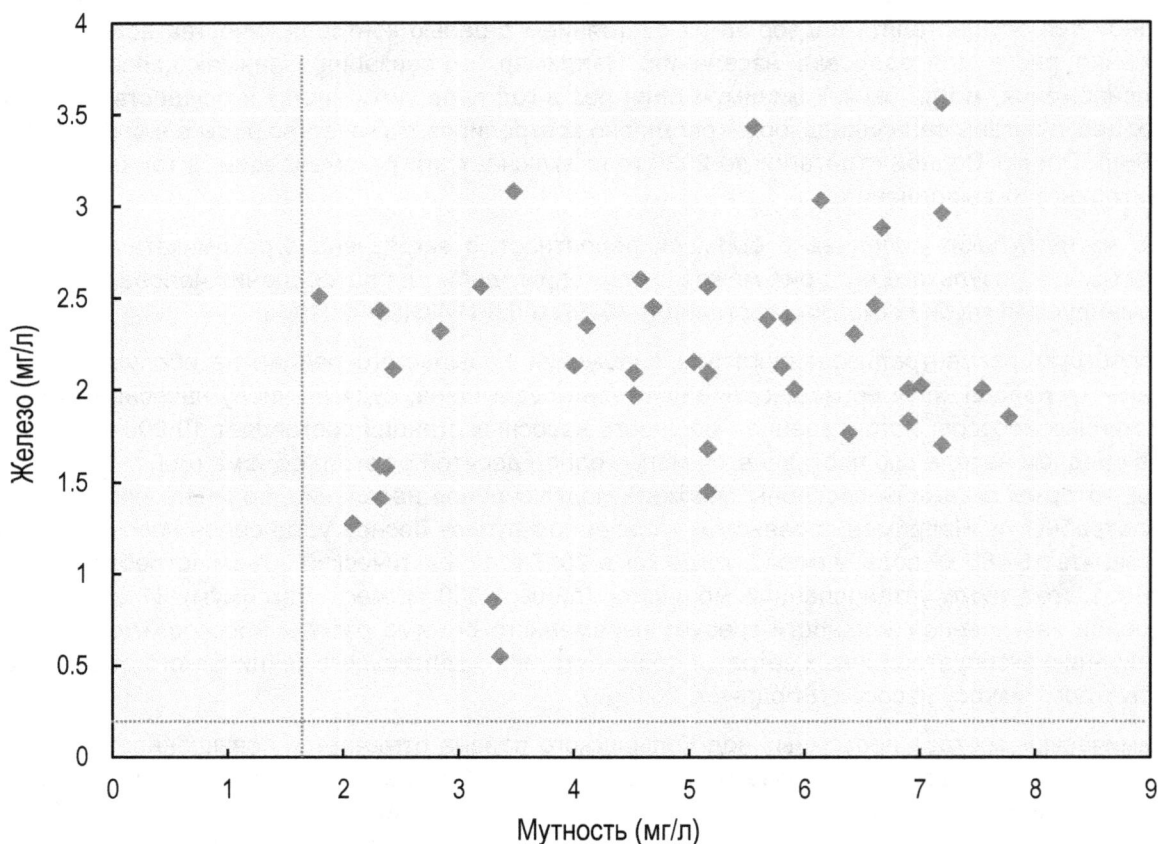

Источник: Борденюк В. (2018[22]), Экспресс-обзор состояния и перспектив развития водных ресурсов и развития водохозяйственных систем в Копыльском районе Минской области Республики Беларусь, неопубликованный отчет, подготовленный для ОЭСР в рамках ВИЕС+.

2.3. Вопросы, связанные с управлением водными ресурсами: инструменты отраслевой политики и нормативно-правовая, регуляторная и институциональная база

В Беларуси был принят ряд стратегических документов, в которых сформулированы приоритетные направления в области управления водными ресурсами и обеспечения водной безопасности.

В частности, в 2011 году была принята **Водная стратегия Республики Беларусь на период до 2020 года** (далее – Водная стратегия до 2020 года). Она предшествовала проекту **Стратегии управления водными ресурсами в условиях изменения климата на период до 2030 года** (далее – Водная стратегия до 2030 года). Этот документ является основным отраслевым документом стратегического планирования Беларуси в области охраны и использования водных ресурсов, основное внимание в нем уделяется:

* развитию системы платного водопользования;

- повсеместному внедрению прогрессивных энерго- и ресурсосберегающих технологических процессов;
- внедрению комплексных природоохранных разрешений для природопользователей;
- внедрению наилучших доступных технических методов (НДТМ) для комплексного предотвращения и контроля загрязнения окружающей среды;
- анализу и учету влияния стихийных гидрометеорологических явлений и возможного изменения климата на водные ресурсы;
- внедрению технологий по улучшению качества отводимых сточных вод (Минприроды, 2011[10]).

Национальная стратегия устойчивого развития Республики Беларусь на период до 2030 года, как говорит само за себя ее название, преследует более общую цель – содействие устойчивому развитию. Одним из приоритетов, относящихся к управлению водными ресурсами, является совершенствование нормативных правовых актов (подзаконных актов) в области охраны окружающей среды, а также нормативного правового регулирования функций по владению, использованию и распоряжению природными ресурсами. К другим ключевым документам масштабного стратегического планирования относятся **Программа социально-экономического развития Республики Беларусь на 2016–2020 годы** и ее обновленная грядущая версия **Программа социально-экономического развития Республики Беларусь на 2021–2025 годы**.

Проект **Водной стратегии до 2030 года** разработан в развитие Водной стратегии до 2020 года. Этот документ был разработан с учетом Водного кодекса РБ, Концепции национальной безопасности РБ и Национальной стратегии устойчивого развития Республики Беларусь на период до 2030 года. В соответствии с Протоколом ЕЭК ООН по стратегической экологической оценке (СЭО) и директивами ЕС о стратегической экологической оценке (СЭО) и об оценке воздействия на окружающую среду (ОВОС), при поддержке ВИЕС+ была проведена полная стратегическая экологическая оценка проекта Водной стратегии до 2030 года. Своей основной стратегической целью проект документа определяет достижение долгосрочной водной безопасности для нынешнего и будущих поколений. В отношении международных обязательств цели стратегии напрямую связаны с соответствующими Целями устойчивого развития (Минприроды, 2018[1]).

К документам, внимание в которых уделяется вопросам охраны окружающей среды, относятся: Стратегия в области охраны окружающей среды Республики Беларусь на период до 2025 года, Стратегия по сохранению и устойчивому использованию биологического разнообразия на 2011–2020 годы и Стратегия развития научной, научно-технической и инновационной деятельности в области охраны окружающей среды и рационального использования природных ресурсов на 2014–2015 годы и на период до 2025 года (Деревяго, И. и Дубенок, С., 2020[2]).

Девять министерств в разной степени участвуют в регулировании охраны и использования водных ресурсов Беларуси, а также управления ими. Их деятельность дополняется работой областных, городских и районных органов государственного управления (т. е. территориальных органов Министерства природных ресурсов и охраны окружающей среды, облисполкомов, райисполкомов). И хотя компетенции министерств четко разграничены (Таблица 2.1), на сегодняшний день не хватает межведомственной координации деятельности органов госуправления для обеспечения разработки и проведения эффективной политики в области охраны и использования водных ресурсов. Для этого можно было бы улучшить как горизонтальную (т. е. на уровне республиканских органов госуправления), так и вертикальную (т. е. между государственными структурами национального и местного уровней) координацию. Цели различных министерств в области водопользования нередко вступают в противоречие друг с другом, и требуется приведение их в соответствие с общей целью (Деревяго, И. и Дубенок, С., 2020[2]).

Таблица 2.1. Основные компетенции министерств Беларуси в области управления водными ресурсами

Министерство	Сфера ответственности
Министерство природных ресурсов и охраны окружающей среды	• проведение единой государственной политики в области охраны окружающей среды и рационального использования природных ресурсов • координация деятельности других республиканских органов государственного управления в этой области
Министерство здравоохранения	• нормирование и контроль качества питьевой воды и контроль качества воды в местах централизованного отдыха населения
Министерство энергетики	• возведение и эксплуатация объектов гидроэнергетики
Министерство сельского хозяйства и продовольствия	• регулирование рыбохозяйственной деятельности (рыбоводства и рыболовства) и мелиорации
Министерство транспорта и коммуникаций	• регулирование использования водных ресурсов для судоходства
Министерство жилищно-коммунального хозяйства	• организация централизованного водоснабжения и водоотведения в населенных пунктах
Министерство по чрезвычайным ситуациям	• организация предупреждения и ликвидации чрезвычайных ситуаций природного и техногенного характера
Министерство архитектуры и строительства	• установление норм и требований при проектировании и строительстве объектов, в т. ч. водохозяйственных объектов и сооружений
Министерство экономики	• анализ и прогнозирование социально-экономического развития, планирование и прогнозирование отраслевого и регионального развития.

Источник: взято из Деревяго, И. и Дубенок, С. (2020[2]), «Экономические инструменты управления водными ресурсами и объектами и водохозяйственными системами в Республике Беларусь: тематические материалы проекта «Водная инициатива ЕС плюс для Восточного партнерства», Белорусский государственный технологический университет.

В принципе, управление водными ресурсами на уровне речного бассейна, осуществляемое бассейновыми советами, а также посредством реализации планов управления речными бассейнами (ПУРБ), способно улучшить межведомственную координацию для обеспечения использования и охраны всей экосистемы речного бассейна как с экологической, так и с экономической точки зрения. В этом направлении Беларусь значительно шагнула вперед, особенно в институциональном и научном плане в части учета количественных и качественных показателей; развития системы мониторинга и контроля качества водных ресурсов; а также определения и установления экологического статуса поверхностных водных объектов. И все же необходимо расширить роль бассейновых советов в разработке ПУРБ (Деревяго, И. и Дубенок, С., 2020[2]). Более подробная информация по устойчивому управлению речными бассейнами приведена в разделе 3.2.1.2.

2.3.1. Совершенствование использования экономических инструментов управления водными ресурсами

Внедрение принципов «загрязнитель платит» и «потребитель платит» – обязательное условие для эффективного управления речными бассейнами. Смещая акцент на конечных загрязнителей и потребителей, механизмы ценообразования стимулировали бы более рациональное использование водных ресурсов и снижение уровней их загрязнения.

Принцип «потребитель платит»

Тарифная политика – важный рычаг управления водопользованием в руках разработчиков отраслевой политики, однако в тарифы на ВСиВО продолжает закладываться перекрестное субсидирование, что искажает ценовые сигналы и экономические стимулы. Поэтому разработчикам отраслевой политики рекомендуется поэтапно сокращать перекрестное субсидирование и, с ростом реальных доходов населения, переходить на целевое субсидирование определенных уязвимых групп домохозяйств. Подобные изменения должны осуществляться параллельно проведению схожих реформ в энергетическом секторе.

Принцип «загрязнитель платит»

В Беларуси взимается экологический налог за сброс сточных вод в окружающую среду: в поверхностные водные объекты и в подземные горизонты, как нормативно-чистых, так и после очистки различными методами. Налоговой базой является исключительно фактический объем сброса сточных вод (налоговая ставка в белорусских рублях за 1 м^3) без учёта их качества. Иными словами, при начислении налога не учитывается масса конкретных сброшенных загрязняющих веществ. Согласно Налоговому кодексу РБ ставки налога дифференцируются в зависимости от приемника сточных вод: сброс в поверхностный водный объект (водоток или водоём) или в подземные горизонты после очистки на сооружениях биологической очистки в естественных условиях. Сброс поверхностных сточных вод (дождевых и талых) экологическим налогом не облагается.

С момента провозглашения независимости Беларусь отошла от советской системы платежей за загрязнение, согласно которой загрязнитель платил как за объем сброшенных сточных вод, так и за их состав, т. е. концентрацию и массу определенных загрязняющих веществ в них. Налог начислялся за сброс конкретных загрязняющих веществ, а ставка варьировалась в зависимости от их токсичности и класса опасности.

Действующая в Беларуси система налогообложения за загрязнение водных ресурсов не оптимальна. Во-первых, она не предоставляет каких-либо экономических стимулов к снижению общей массы загрязняющих веществ, сбрасываемых в окружающую среду. Во-вторых, она не способствует постепенному отказу от использования более опасных и токсичных веществ в пользу менее опасных и токсичных. И наконец, она не предусматривает применения более экологически щадящих методов очистки сточных вод. Процесс выявления и оценки альтернативных подходов к исчислению и взиманию налога на сброс сточных вод в Беларуси был запущен в 2020 году в рамках проекта ВИЕС+.

2.3.2. Совершенствование управления данными, как основы для принятия управленческих решений

Система управления водными ресурсами Беларуси пока еще не отличается надежной системой управления информацией в режиме реального времени. Помимо предоставления данных об окружающей среде и водных ресурсах, такая система обеспечила бы разработчиков отраслевой политики полным спектром информации, необходимой для принятия действенных решений в области управления водными ресурсами. В идеале такая система предоставляла бы доступ к регулярно обновляющейся информации. Для этого она основывалась бы на сети институтов, автоматически формирующих и передающих друг другу соответствующие данные. Также система выиграла бы от платформы, позволяющей комплексировать и компилировать данные и выдавать их в удобной для разработчиков водной политики форме. Такая платформа представляла бы собой набор инструментов визуализации и моделей речных бассейнов для прогнозирования их экологического состояния (статуса). Отсутствие такой платформы рассматривается как недочет в интегрированном подходе к управлению данными (Деревяго, И. и Дубенок, С., 2020[2]).

Такая платформа способствовала бы более тесному сотрудничеству и обмену знаниями между различными организациями в сфере управления водными ресурсами. Ориентированный на научно-исследовательскую работу РУП «ЦНИИКИВР», занимающийся разработкой ПУРБ и ведением государственного водного кадастра, например, мог бы более тесно сотрудничать с Белгидрометом, подчиненным Минприроды органом управления, ответственным за биологический мониторинг. Более подробная информация об информационных системах приведена в разделе 3.2.1.1.

К такой системе предъявляется ряд требований:

- Наличие **политической воли** в сочетании с высокой приверженностью крайне важно для обеспечения надлежащей межведомственной координации в области управления данными, а также для налаживания механизмов управления данными и обмена информацией в водном секторе.

- **Надлежащее управление** должно основываться на сочетании нормативных правовых актов (таких как закон, указ, подзаконный акт и т. д.) и мер политики; на документах, предлагающих стратегии и процедуры осуществления межведомственной координации в этой области; на достаточном финансировании этих мероприятий и деятельности руководящего комитета и узконаправленных рабочих групп по обеспечению обмена информацией.

- Наличие **национального комплексного плана управления данными в водном секторе** позволило бы разработать национальную стратегию управления данными по водным ресурсам. Такой план мог бы, например, заложить основы для создания национальной информационной системы по водным ресурсам, которая позволила бы внедрить процедуры, способствующие укреплению потенциала партнеров в области управления данными, их мониторинга и обработки, а также обмена информацией.

2.3.3. Совершенствование мониторинга состояния поверхностных и подземных вод

Мониторинг состояния поверхностных и подземных вод – ключевой компонент Водной рамочной директивы ЕС (ВРД); согласно статье 8:

«Государства-члены должны обеспечить организацию программ для мониторинга состояния воды для того, чтобы получить взаимосвязанный и полный обзор состояния воды по каждому району речного бассейна:

- для поверхностных вод такие программы должны охватывать: (i) объем и уровень или интенсивность потока […], и (ii) экологическое и химическое состояние и экологический потенциал;

- для подземных вод такие программы должны охватывать мониторинг химического и количественного состояний».

И хотя у Беларуси нет обязательств по выполнению требований ВРД, страна взяла курс на повышение степени соответствия национального водного законодательства нормам ЕС в области управления водными ресурсами. В статье 8 ВРД отмечается, что мониторинг состояния воды должен осуществляться «по каждому району речного бассейна». Таким образом, для надлежащего мониторинга состояния водных ресурсов требуется определение границ водных объектов в пределах речного бассейна. В разделе 2.3.3.1 на примере речного бассейна реки Припять, выбранного для проведения ситуационного исследования, показан процесс выделения границ водных объектов, а в разделах 2.3.3.2 и 2.3.3.3 приведено обсуждение системы их мониторинга.

Бассейн реки Припять был выбран для реализации пилотного проекта в рамках ВИЕС+ с целью разработки ПУРБ в соответствии с принципами ВРД (Вставка 2.1 ниже предоставляет информацию о бассейновом планировании в Беларуси). Бассейн реки Припять – один из пяти крупных трансграничных речных бассейнов Беларуси, которым в соответствии с Водным кодексом РБ требуется ПУРБ. Разработка ПУРБ Припять началась в 2018 году. С того момента идет работа по выделению границ поверхностных и подземных водных объектов; анализу нагрузок и воздействий, оказываемых на них; постановке экологических целей; и разработке конкретных корректирующих мероприятий. При составлении плана учтены все результаты исследований поверхностных водных ресурсов.

Вставка 2.1. Бассейновое планирование в Беларуси

Во время осуществления установочной фазы проекта ВИЕС+ в 2016 году управление речными бассейнами в Беларуси еще находилось на этапе становления. В стране был только-только разработан первый проект плана управления речным бассейном (ПУРБ) Днепра (его части, которая находится на территории Беларуси). К тому моменту реализация проекта ПУРБ, подготовленного при поддержке финансируемого Европейским союзом проекта «Охрана окружающей среды международных речных бассейнов» (ООСМРБ), все еще не была начата. Первый (Днепровский) бассейновый совет был создан в 2016 году. В том же году Министерство природных ресурсов и охраны окружающей среды РБ утвердило пилотный ПУРБ Днепра, изначально разработанный в рамках проекта ООСМРБ.

На установочной фазе проекта ВИЕС+ было определено, что ПУРБ Днепра должен быть приведен в соответствие с принципами Водной рамочной директивы (ВРД), включая проведение экономического анализа и исследований в области адаптации к изменению климата. А поскольку река Припять является притоком Днепра, было решено, что ПУРБ Припять также должен соответствовать требованиям ВРД.

Наконец, было определено, что нынешние ПУРБ Днепра и Припяти станут основой для разработки в будущем ПУРБ всего бассейна Днепра.

Источник: ВИЕС+ (2017[23]), "European Union Water Initiative Plus for Eastern Partnership Countries: Final Inception Report" («Водная инициатива Европейского союза плюс для стран Восточного партнерства: итоговый отчет по результатам установочной фазы»), https://euwipluseast.eu/en/component/content/article/445-all-activities/activites-global-project-2/all-reports-global-project/310-final-inception-report-november-2017?Itemid=397

2.3.3.1 Определение границ водных объектов: ситуационное исследование в бассейне реки Припять

Первым шагом на пути к созданию эффективной системы мониторинга является определение границ рассматриваемого речного бассейна. Выделение границ обычно основывается на поверхностных границах гидрологического бассейна, но также следует учитывать и подземные водоносные горизонты (как в случае бассейна реки Припять). В силу размера и многоплановости речных бассейнов управление ими как одной единицей неудобно. Поэтому бассейны делят на суббассейны, границы которых обычно пролегают по основным границам гидрологических единиц. Вместе они представляют собой группу водных объектов с общими чертами, такими как схожие модели водопользования, экосистемы, биофизические условия и предоставляемые ими социально-экономические блага (Pegram, G. et al., 2013[24]).

Определение границ поверхностных водных объектов

Гидрографическая сеть бассейна реки Припять охватывает площадь 50 900 км². Она входит в водосборный бассейн Черного моря и занимает 25 % территории страны. На пилотной территории, выбранной в рамках проекта ВИЕС+, речная сеть состоит из 509 водотоков (рек, ручьев и каналов), площадь водосборной территории каждого из которых составляет свыше 30 км², также в нее входит 79 водоемов (озер, водохранилищ и прудов) с общей площадью водного зеркала более 500 м². Во время реализации проекта ВИЕС+ гидрографическую сеть бассейна реки Припять разбили на 715 поверхностных водных объектов: 636 водотоков и 79 водоемов (Рисунок 2.16).

Рисунок 2.16. Оцифрованная гидрографическая сеть бассейна реки Припять в Беларуси

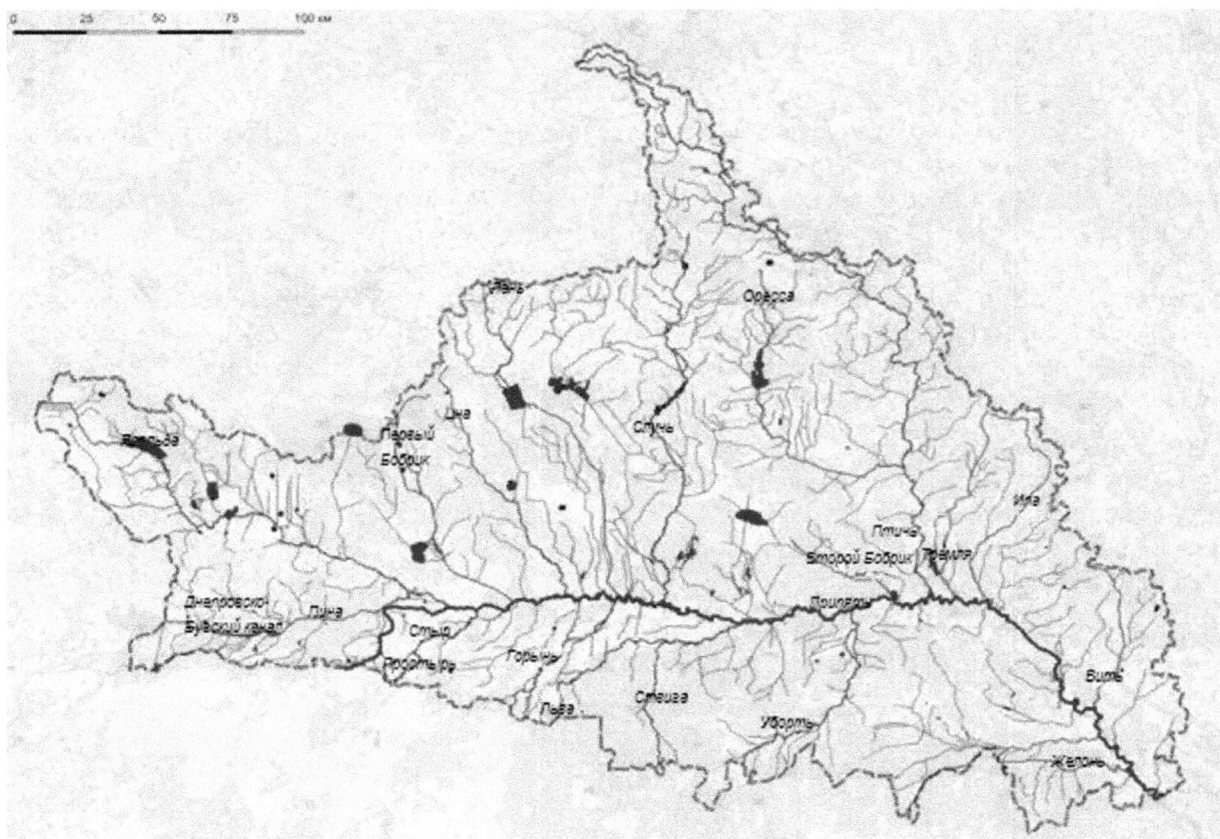

Источник: ВИЕС+ (2020[25]), План управления бассейном реки Припять (проект), РУП «Центральный научно-исследовательский институт комплексного использования водных ресурсов» (ЦНИИКИВР), Агентство по окружающей среде Австрии и Международный офис воды, www.cricuwr.by/plan_pr/

На первом этапе выделения границ был проведен предварительный анализ речного бассейна, в ходе которого многие поверхностные водные объекты были помечены как потенциально относящиеся к категориям «искусственный водный объект» или «сильноизмененный водный объект» на основании значительных, постоянных и необратимых гидрологических и морфологических изменений. Например, в бассейне имелось 735 действовавших дренажных систем для мелиорации земель сельскохозяйственного назначения. На этапе проведения «анализа нагрузок и воздействий» в рамках разработки ПУРБ некоторые поверхностные водные объекты были отнесены к категориям «искусственный водный объект» или «сильноизмененный водный объект» или обозначены как «речной поверхностный водный объект в зоне риска» и «озерный поверхностный водный объект в зоне риска».

Второй этап выделения границ прошел в соответствии с Системой А по определению типовых характеристик поверхностных водных объектов (ВРД)[2].

На третьем этапе выделения границ были изучены имеющиеся данные мониторинга и информация о значительных антропогенных нагрузках, которые могут ухудшить состояние водных объектов (т. е. их экологическое состояние и химический состав, гидробиологические и гидрохимические показатели). По гидрографической сети бассейна реки Припять были получены следующие результаты:

- В целом, были выделены границы 715 поверхностных водных объектов (636 рек и 79 озер), каждому был присвоен уникальный код и информация о каждом из них была сохранена в отдельных шейп-файлах геоинформационной системы (ГИС) в виде линий и полигонов.

- Затем водные объекты были распределены по 9 типам речных поверхностных водных объектов и 13 типам озерных поверхностных водных объектов.

- Большинство водных объектов (85,5 % речных поверхностных водных объектов и 76 % озерных поверхностных водных объектов) потенциально относятся к категориям «искусственный водный объект» и «сильноизмененный водный объект» на основании гидроморфологических изменений (Рисунок 2.17).

- Состояние лишь 14,5 % речных поверхностных водных объектов и 24 % озерных поверхностных водных объектов приближено к естественному.

Рисунок 2.17. Поверхностные водные объекты бассейна реки Припять в разрезе категорий

Потенциально относящиеся к «искусственным водным объектам» – оранжевым цветом; потенциально относящиеся к «сильноизмененным водным объектам» – фиолетовым цветом.

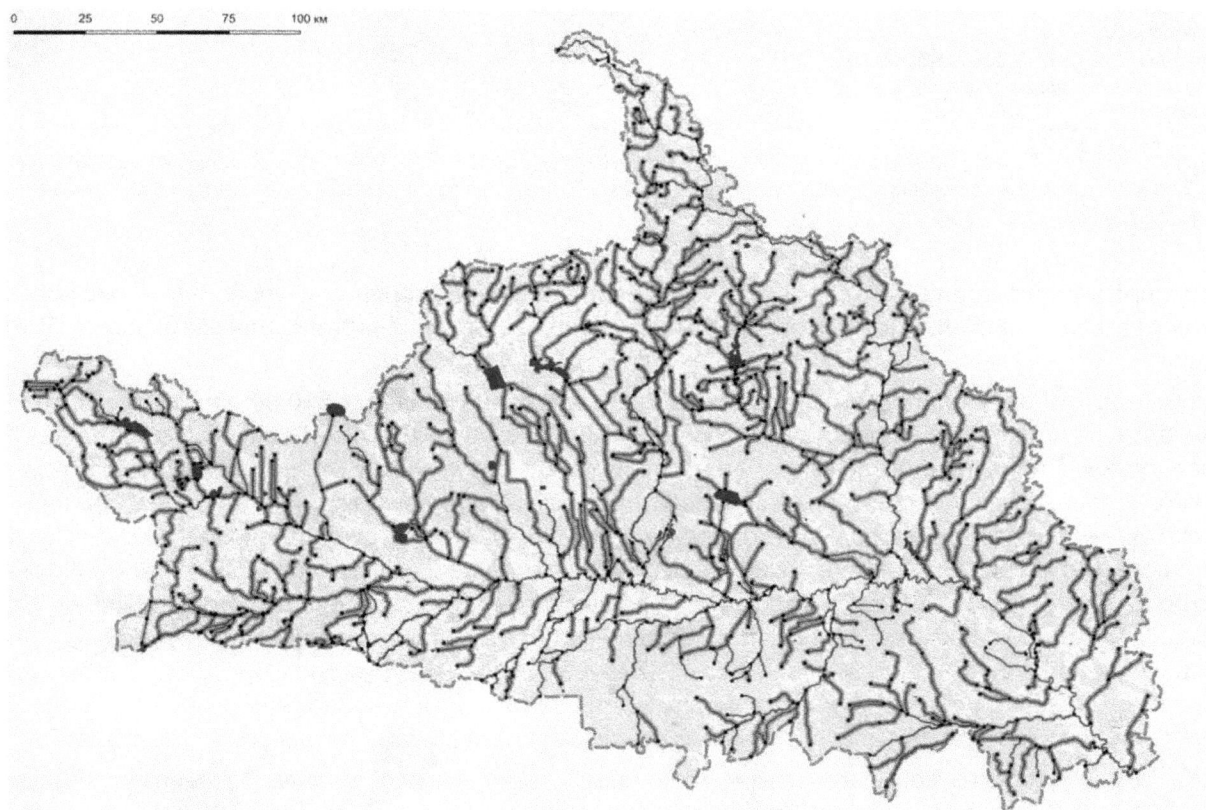

Источник: ВИЕС+ (2020[25]), План управления бассейном реки Припять (проект), РУП «Центральный научно-исследовательский институт комплексного использования водных ресурсов» (ЦНИИКИВР), Агентство по окружающей среде Австрии и Международный офис воды, www.cricuwr.by/plan_pr/

Определение границ подземных водных объектов

В 2018 году при поддержке проекта ВИЕС+ подземные водоносные горизонты бассейна реки Припять были разделены на 11 групп подземных водных объектов, последние являются единицей управления в соответствии с принципами ВРД. Определение границ основывалось на таких характеристиках, как геологическая структура, гидрогеологические условия, почвенные данные, направление обмена водами либо данные о водосборе и антропогенная нагрузка на водоносные горизонты. Также подземные водные объекты делятся на неглубокие (5), глубокие (5) и локальные (2) (Таблица 2.2).

Таблица 2.2. Подземные водные объекты бассейна реки Припять

Тип подземного водного объекта	Число	Число субобъектов	Общая площадь, км²
Неглубокий (в отложениях четвертичного периода)	5	15	65 436,53
Глубокий	5	9	99 149,82
Локальный	1	1	1 407,37
Всего	*11*	*25*	*165 993,72*
Подземные водные объекты, связанные с экосистемами	2	7	36 096,33
Трансграничные подземные водные объекты	5	11	132 702,12
Подземные водные объекты, количественные характеристики которых подвергнуты мониторингу	10	19	147 472,33
Подземные водные объекты, качественные характеристики которых подвергнуты мониторингу	10	19	147 472,33

Источник: ВИЕС+ (2020[25]), План управления бассейном реки Припять (проект), РУП «Центральный научно-исследовательский институт комплексного использования водных ресурсов» (ЦНИИКИВР), Агентство по окружающей среде Австрии и Международный офис воды, www.cricuwr.by/plan_pr/

Это определение границ закладывает основу для сети мониторинга и управления рисками и является подготовительным этапом разработки программы мероприятий для реализации ПУРБ Припять.

Площади обозначенных подземных водных объектов варьируются от 2 500 до 45 500 км², включая накладывающиеся друг на друга территории. Подземные водные объекты неглубокого залегания расположены в равнинной зоне и сильно зависят от связанных с ними водных экосистем и многочисленных обширных наземных экосистем (водно-болотных угодий), зависимых от них; в свою очередь, подземные водные объекты также важны для их существования. Поскольку по определению глубина залегания таких водных объектов невелика, они подвержены воздействию антропогенной деятельности, ведущейся на поверхности, особенно агропромышленному воздействию. Глубокие же подземные водные объекты хорошо защищены, поскольку они заслонены подземными водными объектами неглубокого залегания и слоями пород, поэтому все подземные водные объекты глубокого залегания не загрязнены, и вода в них хорошего качества; они являются наиболее предпочтительными основными источниками питьевого водоснабжения.

Пять подземных водных объектов связаны с подземными водными объектами бассейна реки Днепр (укр. *Дніпро*) - его части на территории Украины. В 2019 году при поддержке ВИЕС+ Беларусь и Украина совместно осуществили координацию и гармонизацию процесса выделения границ общих трансграничных подземных водных объектов.

2.3.3.2 Мониторинг поверхностных вод

Система мониторинга поверхностных вод в бассейне реки Припять только частично соответствует критериям ВРД. Система состоит из действующих пунктов наблюдений, однако отбор таких пунктов мог бы быть усовершенствован посредством использования критериев, предоставленных в рамках проекта ВИЕС+. Помимо отбора пунктов наблюдений, на настоящий момент оценка их экологического статуса проводится только на основе показателя бентические макробеспозвоночные, то есть одного из пяти биологических элементов качества. В будущем, в системы мониторинга поверхностных вод Беларуси необходимо включить остальные четыре элемента (т. е. рыбы, фитобентос, фитопланктон и макрофиты).

Исследование состояния поверхностных вод в бассейне реки Припять

Проект ВИЕС+ оказал поддержку проведению трех раундов исследований состояния поверхностных вод по двум элементам. Первый элемент – бентические макробеспозвоночные; дополнительно был проведен анализ вод по гидрохимическим показателям и составлены протоколы гидроморфологической оценки пунктов наблюдений. Стоит отметить, что гидроморфологическая оценка по предложенному методу проводилась в Беларуси впервые. Первое полевое исследование поверхностных вод было проведено в бассейне реки Припять в октябре 2018 года. В химической лаборатории государственного учреждения «Республиканский центр аналитического контроля в области охраны окружающей среды» (РЦАК) был проведен анализ 23 проб воды, отобранных из поверхностных водных объектов в 23 пунктах наблюдений. Пробы были также проанализированы биологами РУП «ЦНИИКИВР». На основе протоколов об экологическом состоянии (статусе) исследуемых водных экосистем, последние классифицируются от «потенциально репрезентативные условия» до «водные объекты, по которым цели ВРД в области охраны окружающей среды могут быть не достигнуты». В июне 2019 года был проведен второй раунд исследований, и для отбора проб было задействовано 38 пунктов наблюдений.

По каждому исследованию имеются фотографии, пробы воды и биологические образцы, информация о проведенном химико-биологическом анализе, описание гидроморфологических характеристик пунктов отбора проб и отчет о полученных результатах.

В 2019 году было проведено третье гидроморфологическое исследование с привлечением 39 пунктов наблюдений, расположенных в бассейне реки Припять, с целью оказания поддержки разработке ПУРБ Припять. До начала проведения полевых исследований было собрано большое количество справочной информации и подготовлено множество документов: топографических и исторических карт; аэрофотографий; карт, взятых с веб-сервисов; свежей информации о землепользовании; геологических карт и имеющихся данных долгосрочного гидрологического прогнозирования.

После проведения сравнительного анализа гидрологических показателей, полученных с 39 пунктов наблюдений, таких как среднее значение величины стока, низкий уровень стока, диапазон колебаний стока и частота колебаний стока в естественных условиях, присваивались гидрологические баллы. Также был проведен сравнительный анализ морфологических характеристик 39 пунктов наблюдений (например, характеристики русла, водотока, берега и прибрежной полосы, поймы) в естественных условиях, и присваивались морфологические баллы. Сочетание гидрологических и морфологических баллов служит основой для проведения гидроморфологической оценки.

Заключение исследований о состоянии поверхностных вод

Исследованные водные объекты бассейна реки Припять очень разнообразны. На втором году проведения исследований был сделан шаг вперед в отношении отбора пунктов наблюдений, в частности включения нескольких потенциально репрезентативных пунктов наблюдений (с точки зрения уровня загрязнения). Дополнительно начала использоваться система AQEM[3]. Поскольку в таксономической классификации все еще имеются некоторые неопределенности, будут предложены дополнительные идентификационные параметры. Биологический мониторинг может быть улучшен посредством использования системы классификации экологического состояния, основанной на отношении «нагрузка-воздействие».

Химические лаборатории ГУ «РЦАК» не были аккредитованы для проведения анализов, в том числе для проведения анализа на общий растворенный фосфор, по кислотонейтрализующей способности, а также по соответствию лабораторной практике.

Для проведения исследований были отобраны количественные образцы макробеспозвоночных в соответствии с рекомендациями, предоставленными в нескольких методиках, разработанных странами – членами ЕС. В методиках учитывались зональные особенности водотоков (например, равнинные реки с малой скоростью течения). Были отобраны репрезентативные пробы во всех средах обитания, таких как песчаные отложения с изменчивым содержанием ила, каменисто-песчаные отложения, а также образцы погруженных или полупогруженных макрофитов. Анализ макробеспозвоночных, обитающих в реках бассейна Припяти, проведенный в июне 2019 года, выявил 211 видов и водных организмов, относящихся к 76 разным семействам и 7 основным группам.

Проведенный сравнительный анализ схожих пунктов наблюдений в период 2018–2019 годы указывает на высокую воспроизводимость результатов и стабильность контролируемых створов водотоков. В 2018 году число донных макробеспозвоночных варьировалось в пределах 16–45 видов и форм, в 2019 году – в пределах 15–56. Изменчивость определяют истинные личинки насекомых (в основном *Chironomidae*); она связана с сезонной динамикой развития ларвальных фаз и массового вылета имаго. У малых и средних водотоков наблюдается высокая вариативность показателей, поскольку их экосистемы более чувствительны к естественным и антропогенным нагрузкам.

На основе гидроморфологической оценки 39 пунктов отбора проб по экологическому статусу они классифицированы как: «отличные» – 2 (~5 %), «хорошие» – 10 (~25 %), «удовлетворительные» – 7 (~19 %) и «плохие» – 20 (~51%).

Полученные результаты включены в «главу о гидроморфологической оценке» в подготовленный ПУРБ р. Припять. Они также будут учитываться при разработке мер отраслевой политики и, наконец, помогать при проведении экологической классификации пунктов наблюдений в рамках проекта ВИЕС+.

Опыт и практика, наработанные во время проведения пилотных исследований и оценки водных объектов бассейна реки Припять в рамках ВИЕС+, могут быть реплицированы, например, в виде обмена информацией об извлеченных уроках, чтобы применить полученные знания ко всему бассейну реки Днепр и другим основным речным бассейнам Беларуси и других стран ВП.

2.3.3.3 Мониторинг подземных вод

В Беларуси подземные воды играют ключевую роль в обеспечении населения питьевым водоснабжением и важны для существования многочисленных водно-болотных угодий, которые зависят от подземных вод неглубокого залегания. Поэтому важно осуществлять регулярный мониторинг количественного и химического состояния подземных вод. Полученные данные могут служить основой для принятия соответствующих управленческих решений и гарантировать долгосрочную устойчивость водопользования, а также связанных с подземными водами водных и зависящих от них наземных экосистем.

Мониторинг подземных вод в Беларуси осуществляется с 1960-х годов. Изначально в основном он проводился с целью изучения воздействия осушения водно-болотных угодий на количество подземных вод. В 1970-х и 1980-х годах внимание также стали уделять воздействию антропогенной деятельности на их качество.

Государственная сеть мониторинга подземных вод преследует три цели: во-первых, определение состояния (статуса) подземных вод; во-вторых, прогнозирование изменений, которые могут оказать на него отрицательное воздействие; в-третьих, определение воздействия на подземные воды мер, разработанных для поддержания их состояния. Таким образом, проводятся наблюдения за естественными ненарушенными условиями, нарушенным режимом подземных вод (в результате добычи воды) и воздействием локального загрязнения.

В результате пересмотра дизайна системы мониторинга подземных вод в пределах территории бассейна реки Припять в 2018 году было выдвинуто несколько предложений по усовершенствованию системы. На настоящий момент мониторинг количественного и химического состояния подземных вод в бассейне реки Припять осуществляется на 26 гидрогеологических постах, дающих представление о естественном режиме подземных вод (76 скважин); на 44 гидротехнических водозаборных сооружениях, дающих представление о нарушенном режиме подземных вод (111 скважин); и на 35 объектах локального мониторинга подземных вод, дающих представление о точечных источниках загрязнения (314 наблюдательных скважин).

В рамках проекта ВИЕС+ подземные водоносные горизонты в бассейне реки Припять были разделены на 11 единиц для управления подземными водными ресурсами (т. е. было выделено 11 «подземных водных объектов») в соответствии с принципами ВРД. Согласно этому новому разделению, сеть мониторинга затрагивает только 8 из 11 подземных водных объектов, и требуется ее расширение для охвата нескольких других таких объектов. Поэтому рекомендовано пробурить 14 новых наблюдательных скважин для мониторинга еще четырех подземных водных объектов.

Количество подземных вод контролируется практически во всех пунктах наблюдений три раза в месяц. 13 из 76 скважин оснащены автоматическими уровнемерами. Что касается мониторинга химического состава подземных вод, в принципе, его требуется проводить один раз в год по перечню параметров (показателей). Однако по причине нехватки финансирования химический анализ воды проводится не для всех скважин. Так, в 2016 году был проведен анализ химического состава проб, отобранных из 57 скважин, дающих представление о естественном режиме подземных вод, а в 2018 – из 10 (тогда как общее число скважин – 76).

В 2019 году ВИЕС+ поддержала проведение специального исследования неглубокого подземного водного объекта (BYPRGW0001, водоносного горизонта болота, образовавшегося в голоцене), которое не предусматривается при осуществлении любого мониторинга подземных вод, так как такая грунтовая вода не используется в качестве питьевой. Однако, поскольку болота занимают 23 % территории бассейна реки Припять, такие подземные воды оказывают значительное воздействие на прилегающие подземные водоносные горизонты; связанные с ними водные экосистемы; и зависимые от подземных вод наземные экосистемы. В рамках исследования было предложено добавить новые пункты наблюдений к уже существующим для более легкой интеграции их в Государственную сеть мониторинга подземных вод. Параллельно данному исследованию проводилось изучение подземных вод с задействованием 15 существующих скважин и по исчерпывающему перечню контролируемых веществ, включающему 20 видов пестицидов. Результаты мониторинга отчетливо показывают наличие воздействия болот на подземные воды, но также агропромышленного загрязнения на ранее осушенных территориях. Пестицидов выявлено не было.

В 2019 году ВИЕС+ также поддержала проведение специального исследования воздействия Петриковского захоронения непригодных пестицидов на подземные воды этого района. В период 1974–1988 годы значительное количество непригодных пестицидов было захоронено на севере Петриковского района (Гомельской области). В рамках исследования также изучалось воздействие радиации в результате аварии на Чернобыльской АЭС, на подземные водные объекты на юго-востоке бассейна реки Припять. Был проведен анализ проб подземных вод, отобранных в 14 пунктах наблюдений, по исчерпывающему перечню веществ, включающему хлорорганические пестициды, стронций-90 и цезий-137. Результаты мониторинга показали, что в соответствующих подземных водных объектах на юго-востоке бассейна реки Припять следов содержания этих веществ не обнаружено. Во всех пробах воды, отобранных из семи скважин в районе Петриковского захоронения, содержатся пестициды, но содержание лишь одного из 20 проанализированных видов пестицидов и только в одной скважине превышало ПДК.

2.4. Трансграничное сотрудничество в области управления водными ресурсами

На уровне любого трансграничного речного бассейна обмен знаниями и данными наряду с осуществлением совместного мониторинга имеют первостепенное значение для рационального и согласованного управления водными ресурсами на больших территориях. Проведение трансграничного пилотного исследования и семинаров по обмену знаниями на субрегиональном уровне – первые шаги на пути к интеркалибровке систем классификации экологического состояния.

В 2003 году Беларусь подписала Конвенцию ЕЭК ООН по охране и использованию трансграничных водотоков и международных озер. Эта конвенция служит основой для договоров и соглашений в области управления трансграничными речными бассейнами. Беларусь – одна из приблизительно 50 стран в мире, более 75 % территории которых занимают трансграничные речные бассейны. В Беларуси это почти вся территория страны, поскольку все большие реки Республики Беларусь (длиной более 500 км), за исключением реки Березина, являются трансграничными (Деревяго, И. и Дубенок, С., 2020[2]). В этой связи трансграничное сотрудничество особенно важно. Все сопредельные с Беларусью страны также являются сторонами Конвенции, что создает хорошую основу для трансграничного сотрудничества.

До участия в программе ВИЕС+ Беларусь заключила межправительственные соглашения об охране и использовании трансграничных вод с Россией и Украиной. В рамках этих соглашений рабочие группы решают разнообразные вопросы, связанные с трансграничным управлением водными ресурсами. Кроме того, Министерством природных ресурсов и охраны окружающей среды Республики Беларусь и Министерством охраны окружающей среды Литовской Республики был подписан Технический протокол о сотрудничестве в области мониторинга и обмена информацией о состоянии трансграничных поверхностных вод. В феврале 2020 г. подписано соглашение между Правительством Республики Беларусь и Правительством Республики Польша о сотрудничестве в области охраны и рационального использования трансграничных вод. На момент подготовки данного отчета это соглашение находилось на стадии ратификации.

Примечания

[1] В 2018 году численность населения Беларуси была на 4,96 % ниже, чем в 2000 году (и на 6,92 % ниже, чем в 1990 году). Схожие, но более выраженные тенденции наблюдаются в Литве (сокращение численности населения на 24,6 % по сравнению с 1990 годом; и на 20,29 % по сравнению с 2000 годом), Латвии (на 27,4 % по сравнению с 1990 годом; и на 18,6 % по сравнению с 2000 годом), Болгарии (на 19,5 % по сравнению с 1990 годом; и на 14,1 % по сравнению с 2000 годом), Румынии (на 16,1 % по сравнению с 1990 годом; и на 13,2 % по сравнению с 2000 годом), Украине (на 14,0 % по сравнению с 1990 годом; и на 9,3 % по сравнению с 2000 годом) и Сербии (на 8,0 % по сравнению с 1990 годом; и на 7,2 % по сравнению с 2000 годом). Ситуация в Беларуси наиболее схожа с таковой в Венгрии (сокращение численности населения на 5,8 % по сравнению с 1990 годом; и на 4,3 % по сравнению с 2000 годом) и Польше (на 0,3 % по сравнению с 1990 годом; и на 0,7 % по сравнению с 2000 годом) (World Bank, 2020[12]).

[2] Система А – один из двух методов классификации поверхностных водных объектов по типовым характеристикам, предлагаемых Водной рамочной директивой ЕС. Водные объекты классифицируются по таким характеристикам как экорегион, высота, размер, геология и глубина (озер). Более подробная информация приведена в Приложении II к ВРД.

[3] AQEM – сокращение от *the Development and Testing of an Integrated Assessment System for the Ecological Quality of Streams and Rivers throughout Europe using Benthic Macroinvertebrates* («Разработка и тестирование системы комплексной оценки экологического состояния рек и ручьев Европы на основе элемента бентические макробеспозвоночные»). Для более подробной информации см. http://aqem.de/

Ссылки

European Environmental Agency (2018), "C2 - Freshwater Abstraction in Georgia (C2 - Забор пресной воды в Грузии)", *ENI SEIS II East*, (database), https://eni-seis.eionet.europa.eu/east/indicators/c2-2013-freshwater-abstraction-in-georgia (accessed on 10 июля 2020 г.). [15]

Eurostat (2020), *Fresh Water Abstraction by Source - million m3 (Забор пресной воды в разрезе источников – млн куб. м)*, (database), https://ec.europa.eu/eurostat/databrowser/view/ten00002/default/table?lang=en (accessed on 10 июля 2020 г.). [18]

EUWI+ (2020), *План управления бассейном реки Припять (проект)*, Central Research Institute for Complex Use of Water Resources (CRICUWR), Umweltbundesamt and International Office for Water, http://www.cricuwr.by/plan_pr/. [25]

EUWI+ (2017), *European Union Water Initiative Plus for Eastern Partnership Countries: Final Inception Report (Водная инициатива Европейского союза плюс для Восточного партнерства: итоговый отчет начальной фазы)*, UNECE, OECD, Umweltbundesamt and International Office for Water, https://euwipluseast.eu/en/component/content/article/445-all-activities/activities-global-project-2/all-reports-global-project/310-final-inception-report-november-2017?Itemid=397. [23]

FAO (год не указан), "Sustainable Development Goals: Indicator 6.4.2 - Level of Water Stress: Freshwater Withdrawal as a Proportion of Available Freshwater Resources", webpage, http://www.fao.org/sustainable-development-goals/indicators/642/en/ (accessed on 30 марта 2020 г.). [5]

Pegram, G. et al. (2013), *River Basin Planning: Principles, Procedures and Approaches for Strategic Basin Planning (Планирование управления речными бассейнами: Принципы и методы стратегического бассейнового планирования, а также подходы к такому планированию)*, UNESCO, Paris, https://www.gwp.org/globalassets/global/toolbox/references/river-basin-planning.pdf. [24]

Statistica Moldovei (2019), "The Main Indicators of Water Use, 2001-2018 (Основные показатели водопользования, 2001-2018 гг.)", *Water Use*, database, http://statbank.statistica.md/PxWeb/pxweb/en/10%20Mediul%20inconjurator/10%20Mediul%20inconjurator_MED020/MED020100.px/ (accessed on 10 июля 2020 г.). [16]

UNECE (2016), *Belarus: Environmental Performance Reviews, Third Review (Беларусь: Третий обзор результативности экологической деятельности)*, United Nations Economic Commission for Europe, New York and Geneva, https://www.unece.org/fileadmin/DAM/env/epr/epr_studies/ECE.CEP.178_Eng.pdf. [3]

World Bank (2020), *World Development Indicators (Показатели мирового развития)*, (database), https://data.worldbank.org/ (accessed on 26 октября 2018 г.). [12]

Белстат (2019), *С.3. Водопотребление*, (база данных), https://www.belstat.gov.by/ofitsialnaya-statistika/makroekonomika-i-okruzhayushchaya-sreda/okruzhayuschaya-sreda/sovmestnaya-sistema-ekologicheskoi-informatsii2/c-vodnye-resursy/c-3-vodopotreblenie/ (accessed on 10 июля 2020 г.). [11]

Белстат (2019), *Структура валового регионального продукта по видам экономической деятельности в 2018 году*, (база данных), https://www.belstat.gov.by/ofitsialnaya-statistika/realny-sector-ekonomiki/natsionalnye-scheta/graficheskiy-material-grafiki-diagrammy/struktura-valovogo-regionalnogo-produkta-po-vidam-ekonomicheskoy-deyatelnosti-v-2017-godu/ (accessed on 31 марта 2020 г.). [20]

Белстат (2019), *Численность населения по областям и г. Минску*, (база данных), https://www.belstat.gov.by/ofitsialnaya-statistika/solialnaya-sfera/naselenie-i-migratsiya/naselenie/godovye-dannye/ (accessed on 10 июля 2020 г.). [19]

Белстат (2019), *Численность населения по областям и г. Минску*, (база данных), https://www.belstat.gov.by/ofitsialnaya-statistika/solialnaya-sfera/naselenie-i-migratsiya/naselenie/godovye-dannye/ (accessed on 30 марта 2020 г.). [8]

Борденюк, В. (2018), *Экспресс-обзор состояния и перспектив развития водных ресурсов и рзвития водохозяйственных систем в Копыльском районе Минской области Республики Беларусь*, неопубликованный отчет, подготовленный для ОЭСР в рамках ВИЕС+. [22]

Волчек А. и др. (2017), *Водные ресурсы Беларуси и их прогноз с учетом изменения климата*, Альтернатива, Брест. [4]

Государственная служба статистики Украины (2018), *Основные показатели использования и охраны водных ресурсов*, (база данных), https://ukrstat.org/en/operativ/operativ2006/ns_rik/ns_e/opvvr_rik_e2005.htm (accessed on 10 июля 2020 г.). [17]

Государственный комитет по статистике Азербайджанской Республики (2020), *9.1 Su ehtiyatlarının mühafizəsini və onlardan istifadə edilməsini səciyyələndirən əsas göstərici (9.1 Ключевые показатели в области охраны и использования водных ресурсов)*, (база данных), https://www.stat.gov.az/source/environment/az/009_1.xls (accessed on 10 июля 2020 г.). [14]

Деревяго, И. и Дубенок, С. (2020), *Экономические инструменты управления водными ресурсами и объектами и водохозяйственными системами в Республике Беларусь: тематические материалы проекта "Водная инициатива ЕС плюс для Восточного партнерства"*, Белорусский государственный технологический университет, Минск. [2]

Минприроды (2018), *Стратегия управления водными ресурсами в условиях изменения климата на период до 2030 года (проект)*, РУП "Центральный научно-исследовательский институт комплексного изучения водных ресурсов", Министерство природных ресурсов и охраны окружающей среды Республики Беларусь, Минск. [1]

Минприроды (2011), *Водная стратегия Республики Беларусь на период до 2020 года*, РУП "Центральный научно-исследовательский институт комплексного изучения водных ресурсов", Министерство природных ресурсов и охраны окружающей среды Республики Беларусь, Минск, http://www.minpriroda.gov.by/ru/new_url_1649710582-ru/. [10]

Статистический комитет Республики Армения (2020), *Водозабор, млн куб. м / 2020*, (база данных), https://www.armstat.am/en/?nid=12&id=14004&submit=Search (accessed on 10 июля 2020 г.). [13]

ЦНИИКИВР (2019), *Государственный водный кадастр: Водные ресурсы, их использование и качество вод (за 2018 год)*, РУП "Центральный научно-исследовательский институт комплексного ипользования водных ресурсов", Министерство природных ресурсов и охраны окружающей среды Республики Беларусь, Минск. [7]

ЦНИИКИВР (2019), *Разработка рекомендаций по развитию систем хозяйственно-питьевого водоснабжения в Копыльском районе Минской области Беларуси*, РУП "Центральный научно-исследовательский институт комплексного использования водных ресурсов", Министерство природных ресурсов и охраны окружающей среды Республики Беларусь, Минск. [21]

ЦНИИКИВР (2018), *Стратегия управления водными ресурсами в условиях изменения климата на период до 2030 года (проект)*, РУП "Центральный научно-исследовательский институт комплексного изучения водных ресурсов", Министерство природных ресурсов и охраны окружающей среды Республики Беларусь, Минск. [9]

ЮНИТЕР (2016), *Экономика Республики Беларусь: Анализ структуры и перспективы инвестирования в отдельные отрасли*, Инвестиционная компания ЮНИТЕР, Минск, https://www.uniter.by/upload/iblock/c8d/c8d38c0d30e65139d6aa1dbe6fd2e636.pdf. [6]

3 Ответные меры политики

В данной главе приведены ответные меры политики на вызовы, обозначенные в главе 2, в контексте проекта *Стратегии управления водными ресурсами в условиях изменения климата на период до 2030 года*. В главе характеризуются разработка стратегии и ее цели, прямо связанные с Целями устойчивого развития (ЦУР), связанными с водой, в ней также представлены инструменты оказания поддержки внедрению стратегии, в частности, системы сбора данных и управления ими, планы управления речными бассейнами и Протокол по проблемам воды и здоровья ЕЭК ООН и Европейского регионального бюро ВОЗ. В главе отдельно рассматриваются различные вызовы на уровне отраслей, регионов и речных бассейнов, с уделением внимания вопросам водоснабжения и водоотведения в селах, стандартам эффективности водопользования на водоемких предприятиях, восстановлению гидромелиоративной инфраструктуры и планам управления речными суббассейнами.

3.1. Содействие разработке Водной стратегии Республики Беларусь на период до 2030 года

Во всем мире водные ресурсы испытывают нагрузку: за последние сто лет спрос на воду вырос в шесть раз. К 2025 году ожидается, что потребление воды сельскохозяйственным и энергетическим секторами увеличится на 60 % и 80 %, соответственно. По причине изменения климата водные системы становятся все менее предсказуемыми и надежными. Хозяйственная деятельность продолжает отрицательно сказываться на качестве водных ресурсов, загрязняя их промышленными, агропромышленными и бытовыми стоками. Вода неразрывно связана с различными секторами экономики, особенно сильна взаимосвязь «продовольствие – водные ресурсы – энергия»; неудовлетворительное состояние водохозяйственной инфраструктуры способно подорвать предоставление других ключевых инфраструктурных услуг (Strelkovskii, N. et al., 2019[1]). С повышением демографической нагрузки и все более ярким проявлением последствий изменения климата, правительствам понадобится эффективная комплексная водная стратегия для ответа на все большее число взаимосвязанных вызовов и обеспечения всеобщей водной безопасности.

В рамках проекта «Водная инициатива Европейского союза плюс для стран Восточного партнерства» (ВИЕС+) в Республике Беларусь (далее – Беларусь) было организовано два семинара по наращиванию потенциала в области стратегического и среднесрочного планирования управления водными ресурсами. Первый семинар состоялся в октябре 2017 года, как дополнительное мероприятие на Международном водном форуме в Минске, а второй – в апреле 2018 года. Чтобы дополнить эти мероприятия, в 2018 году Международный институт прикладного системного анализа при сотрудничестве с ОЭСР и при поддержке Правительства Норвегии провел тренинг, на котором были представлены инновационные методы и инструменты, основанные на системном анализе. Посредством активного участия присутствовавшие на тренинге лица учились разрабатывать «беспроигрышную» национальную водную стратегию в контексте наличия высоких рисков, неопределенности и конфликтующих интересов водопользователей. Представители министерств и ведомств Беларуси наряду с коллегами из Грузии, Молдовы и Украины приняли участие в этом хорошо воспринятом мероприятии (Strelkovskii, N. et al., 2019[1]).

Этот тренинг дополнил другие мероприятия, организованные в рамках проекта ВИЕС+ для оказания поддержки разработке и реализации национальной Стратегии управления водными ресурсами в условиях изменения климата на период до 2030 года (далее – Водная стратегия до 2030 года). Беларусь признала важность проведения стратегической экологической оценки (СЭО) с целью комплексной интеграции вопросов экологии и здоровья в законодательный процесс. Министерство природных ресурсов и охраны окружающей среды РБ запросило ЕЭК ООН оказать стране поддержку в пилотном проведении СЭО. СЭО проекта Водной стратегии до 2030 года осуществлялась в соответствии с международными требованиями, включая проведение всесторонних открытых консультаций, и благодаря СЭО в проект стратегии уже внесены значительные улучшения.

Процесс проведения СЭО был организован в два этапа. На первом этапе был составлен доклад по сфере охвата СЭО, который затем был разослан сторонам для замечаний. Консультативное совещание проводилось в режиме онлайн по причине ограничений на проведение очных встреч в связи с пандемией COVID-19. На втором этапе была опубликована и обнародована полная версия доклада по СЭО проекта Водной стратегии до 2030 года для проведения открытых консультаций. Благодаря полученным замечаниям в итоговый доклад по СЭО были внесены значительные улучшения, а также сформулированы ценные рекомендации в отношении проекта Водной стратегии до 2030 года.

Разработчики Водной стратегии до 2030 года приняли во внимание несколько таких рекомендаций, что способствовало более глубокой проработке разделов по водно-болотным угодьям; роли системы особо охраняемых природных территорий в сохранении ценных водных экосистем; расширению охраняемых природных территорий и прогнозированию сезонной изменчивости речного стока; а также последствиям для зависящих от воды секторов экономики и природных экосистем.

В итоговом докладе по СЭО был сделан вывод о том, что проект Водной стратегии до 2030 года увязан с другими стратегическими документами национального уровня, имеющими отношение к использованию и охране водных ресурсов. Цели, заявленные в проекте Водной стратегии до 2030 года, в общем совпадают с социальными и экономическими целями, определенными для каждого тематического компонента.

В целом, ожидается, что Водная стратегия до 2030 года внесет положительные перемены в природоохранную и социально-экономическую сферы. Потенциальные риски преимущественно связаны с запланированным развитием систем водного транспорта (например, восстановлением водного пути, известного как Е-40), гидроэнергетики, систем централизованного водоснабжения, а также рекреации. Однако эти риски могут быть смягчены или минимизированы посредством принятия и строго соблюдения соответствующих природоохранных стандартов и применения мер по смягчению последствий.

Были выделены следующие меры по смягчению или предотвращению возможных отрицательных последствий для окружающей среды, в том числе некоторых воздействий на трансграничные речные бассейны, которые следует предпринять при реализации Водной стратегии до 2030 года:

- Совершенствование управления водными ресурсами и обеспечение рационального использования воды посредством применения оборотного водоснабжения, поддержания уровненного режима в местах коллективного водозабора.

- Разработка систем локального мониторинга изменений, происходящих в наземных и водных экосистемах.

- Разработка и применение методов классификации и оценки экосистемных услуг, связанных с водой.

- Принятие во внимание уязвимости почв к засухе, особенно в условиях изменения климата, при планировании мероприятий по охране водных ресурсов и их рациональному использованию.

- Разработка методики мониторинга загрязнения водных объектов минеральными удобрениями, средствами защиты растений и прочими химическими веществами, используемыми в сельском хозяйстве.

- Совершенствование системы мониторинга посредством проведения оценки динамики экосистем, инвазивных видов растений и животных, динамики лесных угодий и мониторинга популяций гидрофильных видов.

Для минимизации отрицательных последствий планируемого строительства гидроэлектростанций для окружающей среды, особое внимание следует уделить охраняемым природным территориям, Рамсарским угодьям, ключевым орнитологическим территориям и другим территориям и водным объектам, важным для сохранения биологического разнообразия.

Партнеры-исполнители проекта ВИЕС+ оказали поддержку Правительству Беларуси в обеспечении соответствия новой стратегии имеющим отношение к водным ресурсам национальным НПА и стратегическим документам: Водному кодексу РБ и Национальной стратегии устойчивого социально-экономического развития РБ. Они также стремились привести стратегию в соответствие с международными обязательствами[1]. Получившийся в результате проект стратегии – продуманный всеобъемлющий документ, удовлетворяющий большинству критериев, обозначенных в ключевом исследовании (Strelkovskii, N. et al., 2019[1]) национальных водных стратегий (Таблица 3.1).

Таблица 3.1. Контрольный перечень для Водной стратегии до 2030 года

Критерий эффективной комплексной водной стратегии	Водная стратегия до 2030 года
• Охватывает как водные ресурсы и водные экосистемы, так и водохозяйственную инфраструктуру	Да
• Учитывает передовую практику и международные принципы, руководства, а также надлежащую международную практику	В некоторой степени
○ ВРД ЕС	Да
○ Водная конвенция ЕЭК ООН по охране и использованию трансграничных водотоков и международных озер	Да
○ Протокол ЕЭК ООН/ Европейского регионального бюро ВОЗ по проблемам воды и здоровья	Да
• Связь с другими ключевыми стратегическими документами, такими как:	Да
○ Национальная стратегия устойчивого развития	Да
○ отраслевые стратегии	Да
• Сочетание четырех временны́х уровней планирования	Да, 3
○ Стратегический (50–100 лет)	Нет
○ Среднесрочный (7–30 лет)	Да
○ Краткосрочный (3–7 лет)	Да
○ Планы работ для принятия незамедлительных действий (1–3 года)	Да
• Документ должен включать:	Некоторые
○ диагностику (текущее состояние, тенденции, основные вызовы, риски, неопределенности)	Да
○ определение желаемого будущего (стратегические цели, задачи)	Да
○ предпочтительные и альтернативные сценарии	Нет
○ информацию о предпочтениях заинтересованных сторон и выборах, которые оказывают на них воздействие	Нет
○ план действий	Да

Источник: Strelkovskii, N. et al. (2019[1]), "Navigating through Deep Waters of Uncertainty: Systems Analysis Approach to Strategic Planning of Water Resources and Water Infrastructure under High Uncertainties and Conflicting Interests" («Плавание в глубоких водах неопределенности: использование подхода системного анализа в стратегическом планировании управления водными ресурсами и водохозяйственной инфраструктурой в контексте большой неопределенности и конфликта интересов»), Международный институт прикладного системного анализа и ОЭСР; ЦНИИКИВР (2018[2]), Стратегия управления водными ресурсами в условиях изменения климата на период до 2030 года (проект), РУП «Центральный научно-исследовательский институт комплексного использования водных ресурсов», Министерство природных ресурсов и охраны окружающей среды Республики Беларусь.

Первостепенные цели Водной стратегии до 2030 года перекликаются с задачами Целей устойчивого развития (ЦУР), ниже обозначенными в скобках после соответствующей цели стратегии:

1. Обеспечить 100 % доступ населения Беларуси к питьевой воде и санитарно-гигиеническим средствам с соблюдением стандартов безопасности (ЦУР 6.1 и ЦУР 6.2).

2. Повысить качество воды в водных объектах Беларуси (ЦУР 6.3).

3. Повысить эффективность водопользования (ЦУР 6.4).

4. Обеспечить комплексное управление водными ресурсами (ЦУР 6.5).

5. Обеспечить охрану связанных с водой экосистем Беларуси (ЦУР 6.6).

6. Полнее использовать потенциал водных ресурсов и объектов (например, судоходство, ГЭС, бутилированная минеральная вода) (Минприроды, 2018[3])

Нацеленная на обеспечение водной безопасности, Водная стратегия до 2030 года является средством достижения ЦУР 6.

На пути к достижению ЦУР 6.1 («К 2030 году обеспечить всеобщий и равноправный доступ к безопасной и недорогой питьевой воде для всех») и ЦУР 6.2 («К 2030 году обеспечить всеобщий и равноправный доступ к надлежащим санитарно-гигиеническим средствам и положить конец открытой дефекации...») Беларусь уже добилась значительных успехов. Все большее число граждан РБ пользуется услугами безопасного водоснабжения и водоотведения. Доля населения, имеющего доступ к чистой питьевой воде, увеличилась с 77,7 % до 95,4 % в период 2000–2018 годы (Рисунок 3.1). Однако, как обсуждалось в разделе 2.2.4, всеобщий доступ к безопасному питьевому водоснабжению, водоотведению и санитарии, предусмотренный в ЦУР 6.1 и 6.2, с намного меньшей вероятностью будет обеспечен для сельского населения страны. Водная стратегия до 2030 года признает определенные вызовы, стоящие перед сельскими сообществами.

Рисунок 3.1. Доступ к централизованному водоснабжению и водоотведению в Беларуси расширился за последние двадцать лет

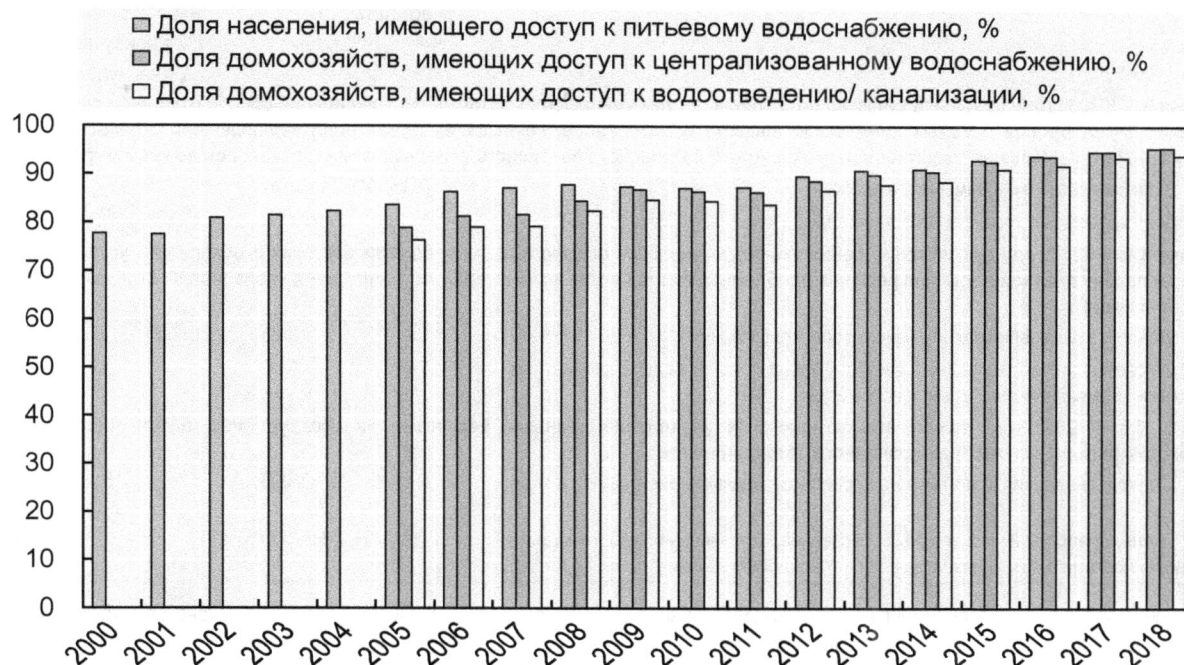

Источник: Белстат (2019[4]), «*С.5. Вода, поставляемая отраслью водоснабжения, и доступ населения к этой воде*» (база данных), Национальный статистический комитет Республики Беларусь, www.belstat.gov.by/ofitsialnaya-statistika/makroekonomika-i-okruzhayushchaya-sreda/okruzhayuschaya-sreda/sovmestnaya-sistema-ekologicheskoi-informatsii2/c-vodnye-resursy/s-5-voda-postavlyaemaya-otraslyu-vodosnabzheniya-i-dostup-naseleniya-k-etoi-vode/; Белстат (2019[5]), «*С.6. Доступ населения к централизованному водоснабжению*» (база данных), Национальный статистический комитет Республики Беларусь, www.belstat.gov.by/ofitsialnaya-statistika/makroekonomika-i-okruzhayushchaya-sreda/okruzhayuschaya-sreda/sovmestnaya-sistema-ekologicheskoi-informatsii2/c-vodnye-resursy/s-6-dostup-naseleniya-k-tsentralizovannomu-vodosnabzheniyu/; Белстат (2019[6]), «*С.14. Население, обеспеченное очисткой сточных вод*» (база данных), Национальный статистический комитет Республики Беларусь, www.belstat.gov.by/ofitsialnaya-statistika/makroekonomika-i-okruzhayushchaya-sreda/okruzhayuschaya-sreda/sovmestnaya-sistema-ekologicheskoi-informatsii2/c-vodnye-resursy/s-14-naselenie-obespechennoe-ochistkoi-stochnyh-vod/.

ВИЕС+ совместно с Правительством Беларуси поддержали национализацию показателей (индикаторов) задач ЦУР 6.3–6.5, также как разработку и принятие методик мониторинга национализированных показателей (индикаторов) для оценки прогресса в реализации этих задач. Под «национализацией» понимается четкое определение показателей (или принятых страной прокси-показателей) и формирование национальных методик расчета показателей (индикаторов). В случае Беларуси были национализированы показатели (индикаторы), связанные с задачами ЦУР 6.3, 6.4 и 6.5: 6.3.1, 6.3.2, 6.4.1, 6.4.2, 6.5.1 и 6.5.2. Методики их расчета были согласованы с Национальным статистическим комитетом Республики Беларусь и другими заинтересованными органами государственного управления и организациями. Затем их обсуждение состоялось в октябре 2019 года на заседании Межведомственной экспертной группы по экологическому направлению работы по достижению Целей устойчивого развития, а в ноябре этого же года они были утверждены Министерством природных ресурсов и охраны окружающей среды РБ. Как показывает Таблица 3.2, показатели (индикаторы) 6.4.2 и 6.5.1 полностью национализированы, тогда как по остальным (особенно индикатору 6.3.2) предстоит дальнейшая работа. Таблица 3.3 дает представление о процессе национализации показателей (индикаторов) в сопредельных с Республикой Беларусь странах.

Таблица 3.2. Прогресс, достигнутый в процессе национализации ЦУР 6.3–6.5

	Кастодиальное(-ые) агентство(-а)	Степень национализации (1 = наилучшая, 3 = наихудшая)
Задача 6.3: К 2030 году повысить качество воды посредством уменьшения загрязнения, ликвидации сброса отходов и сведения к минимуму выбросов опасных химических веществ и материалов, сокращения вдвое доли неочищенных сточных вод и значительного увеличения масштабов рециркуляции и безопасного повторного использования сточных вод во всем мире		
6.3.1 Доля безопасно очищаемых сточных вод	ВОЗ, ООН-Хабитат	2
6.3.2 Доля водоемов с хорошим качеством воды	ЮНЕП	3
Задача 6.4: К 2030 году существенно повысить эффективность водопользования во всех секторах и обеспечить устойчивый забор и подачу пресной воды для решения проблемы нехватки воды и значительного сокращения числа людей, страдающих от нехватки воды		
6.4.1 Динамика изменения эффективности водопользования	ФАО	2
6.4.2 Уровень нагрузки на водные ресурсы: забор пресной воды в процентном отношении к имеющимся запасам пресной воды	ФАО	1
Задача 6.5: К 2030 году обеспечить комплексное управление водными ресурсами на всех уровнях, в том числе, при необходимости, на основе трансграничного сотрудничества		
6.5.1 Степень внедрения комплексного управления водными ресурсами (от 0 до 100)	ЮНЕП	1
6.5.2 Доля трансграничных водных бассейнов, охваченных действующими договоренностями о сотрудничестве в области водопользования	ЕЭК ООН, ЮНЕСКО	2

Примечания: ФАО – Продовольственная и сельскохозяйственная организация ООН; ЕЭК ООН – Европейская экономическая комиссия ООН; ЮНЕП – Программа ООН по окружающей среде.
Источник: ЦНИИКИВР (2018[7]), «Помощь правительству Беларуси в национализации индикаторов для мониторинга прогресса в реализации SDG 6.3 – 6.5», документ подготовлен группой экспертов под руководством г-жи С. А. Дубенок из РУП «Центральный научно-исследовательский институт комплексного использования водных ресурсов», Министерство природных ресурсов и охраны окружающей среды Республики Беларусь.

Таблица 3.3. Прогресс в национализации показателей ЦУР 6.3–6.5 в сопредельных с Республикой Беларусь странах

	Российская Федерация	Украина	Польша	Литва	Латвия
6.3.1	Да (2016 г.)	Прокси-показатель (2015 г.)	Да (2010–2016 гг.)	Прокси-показатель (2010–2016 гг.)	Прокси-показатель (2010–2016 гг.)
6.3.2	Нет	Прокси-показатель (2015 г.)	Да (2015 г., озера)	Да (2010–2016 гг.)	Прокси-показатель (2010–2016 гг.)
6.4.1	Нет	Прокси-показатель (2015 г.)	Прокси-показатель (2010–2015 гг.)	Нет	Прокси-показатель
6.4.2	Нет	Прокси-показатель (2015 г.)	Прокси-показатель (2010–2015 гг.)	Прокси-показатель (2010–2015 гг.)	Прокси-показатель (2010–2015 гг.)
6.5.1	Нет	Прокси-показатель (2015 г.)	Нет	Нет	Прокси-показатель
6.5.2	Нет	Нет	Да (2013–2016 гг.)	Нет	Прокси-показатель
Периодичность формирования	На ежегодной основе	Раз в 5 лет (2015, 2020, 2025, 2030 гг.)	На ежегодной основе, кроме 6.3.2 (раз в 6 лет)	На ежегодной основе	2020, 2030

Источник: ЦНИИКИВР (2018[7]), «Помощь правительству Беларуси в национализации индикаторов для мониторинга прогресса в реализации SDG 6.3 – 6.5», документ подготовлен группой экспертов под руководством г-жи С. А. Дубенок из РУП «Центральный научно-исследовательский институт комплексного использования водных ресурсов», Министерство природных ресурсов и охраны окружающей среды Республики Беларусь.

3.2. Поддержка реализации Водной стратегии

3.2.1. Инструменты

3.2.1.1 Надежная база данных как основа для принятия управленческих решений

Доступ к точным надежным массивам данных – обязательное условие для организации эффективного управления водными ресурсами. В Беларуси, как и во многих странах, всегда собирались и обрабатывались соответствующие массивы данных, а также осуществлялось управление ими. Однако в этот процесс вовлечено большое число институтов, поэтому надлежащее межведомственное сотрудничество в области управления данными очень важно для обеспечения эффективного доступа к ним разработчиков отраслевой политики. Для усиления синергии необходимы действенные меры политики, как распределение ролей и обязанностей между действующими лицами в области формирования, управления, обработки и использования данных по водному сектору.

Ниже приведено несколько ключевых областей, где требуется доступ к данным о водных ресурсах:

- **управление водными ресурсами в разрезе отраслей и секторов экономики** (например, питьевое водоснабжение, орошение, энергетика, здравоохранение и транспорт);
- **комплексное (интегрированное) управление водными ресурсами** (например, на местном, бассейновом, национальном, трансграничном, региональном уровнях);
- **адаптация к изменению климата**;
- **снижение рисков стихийных бедствий** (например, наводнение, нехватка воды, засуха);
- **ведение отчетности** (например, мировой, по ЦУР; региональной, для ЕС; национальной);
- **принятие конкретных управленческих решений** (например, оперативное управление, территориальное управление, чрезвычайные ситуации);
- **прочие мероприятия в водном секторе** (например, регуляторные вопросы, информирование общественности).

Работа, выполненная в рамках проекта ВИЕС+, оказала поддержку внедрению концепции комплексного (интегрированного) управления данными с применением принципов Совместной системы экологической информации (SEIS) (Вставка 3.1). В этой связи проект ВИЕС+ поддерживает создание платформы и осуществление плана оказания содействия организации автоматического обмена информацией и интегрирования массивов данных, сформированных и управляемых на уровне различных институтов. Это будет сделано посредством использования онлайн-процессов «извлечения, преобразования, загрузки» с применением новых технологий (например, географических веб-сервисов и интерфейсов прикладного программирования).

3.2.1.2 Рациональное управление речными бассейнами в соответствии с принципами комплексного (интегрированного) управления водными ресурсами

Планирование управления речными бассейнами – всесторонний и комплексный подход к управлению водными ресурсами и водным экосистемам. Оно используется с целью улучшения здоровья людей и качества водных ресурсов и экосистем, а также стимулирования экономического развития и последовательности отраслевой политики. Результатом является создание понятного, доступно изложенного документа планирования – плана управления речным бассейном (ПУРБ). При разработке плана используется утвержденная методика и привлекается общественность для повышения информированности граждан и разработчиков отраслевой политики. ПУРБ обычно состоит из последовательно расположенных глав, в которых приводится характеристика речного бассейна (движущие силы, нагрузки, состояние, воздействия); диагностика и выявление основных вызовов; тенденции и цели; программа мероприятий и рычаги управления (Вставка 3.2).

Вставка 3.2. Содержание и структура планов управления речными бассейнами

И хотя планы управления речными бассейнами отличаются по содержанию в зависимости от ситуации, их структуры схожи.

ОТ ВИДЕНИЯ ДО СТРАТЕГИЧЕСКИХ ДЕЙСТВИЙ

При планировании управления речными бассейнами обычно делается ряд интегрированных заявлений о намерениях, которые в совокупности представляют собой средство разработки и реализации плана. В этих заявлениях отражается как видение речного бассейна и/или цели, так и ставятся более конкретные задачи и намечаются конкретные действия. Часто заявления, касающиеся видения речного бассейна, скорее абстрактны, чем определенны. Они задают общее направление до принятия сложных решений об уступках и осуществлении необходимых инвестиций. Видение речного бассейна, как правило, основывается на одном или нескольких из следующих приоритетов:

- Природоохранный: экологическое состояние водных ресурсов при предоставлении товаров и услуг;
- Развитие: социальные и экономические выгоды, связанные с водопользованием, землепользованием и водосборными территориями;
- Снижение рисков стихийных бедствий: снижение числа жертв и экологических последствий наводнений и других бедствий, а также размера имущественного ущерба, причиняемого ими;
- Институциональный: нацеленность на институциональное сотрудничество, взаимодействие и совместное управление.

Для того, чтобы эти общие заявления были воплощены в жизнь, необходимо поставить конкретные и измеряемые цели, а также наметить план действий, который будет выполним с учетом имеющихся ресурсов и в заданный промежуток времени. Эту функцию берет на себя план управления речным бассейном.

ЭТАПЫ И КЛЮЧЕВЫЕ МОМЕНТЫ БАССЕЙНОВОГО ПЛАНИРОВАНИЯ

При бассейновом планировании обычно рассматривается ряд социальных, экономических и экологических вопросов. Однако для разработки стратегии высокого уровня их необходимо свести к минимуму, выделив ключевые приоритеты. На основе этих приоритетов и намеченной стратегии начинается подробное планирование действий. Бассейновое планирование можно представить в виде четырех ключевых этапов:

1. Анализ ситуации: понимание имеющейся и будущей ситуации в речном бассейне, а также выявление и приоритезация ключевых проблемных вопросов.
2. Определение общего видения и постановка целей: определение желаемого состояния речного бассейна в долгосрочной перспективе, целей (общих целей) и принципов достижения желаемого.
3. Разработка стратегий бассейнового управления: определение последовательных стратегических целей и результатов в области охраны речного бассейна, водопользования, управления стихийными бедствиями и институционального развития для достижения общей цели.
4. Составление подробного плана мероприятий: составление плана действий по осуществлению бассейновых стратегий для достижения в конечном счете общей(-их) цели(-ей) (видения).

На начальном этапе бассейновое планирование узконаправленно: определяется ограниченный круг ключевых вопросов. Затем происходит более подробное планирование действий. Ключевым этапом является определение стратегических приоритетов и уступок. Часто такие приоритеты устанавливаются при проведении консультаций с широким кругом заинтересованных сторон и на основе общественных предпочтений в экономической, социальной и природоохранной сферах. Эти приоритеты – оси, вокруг которых вращается все бассейновое планирование.

Источник: Pegram et al (Pegram, G. et al., 2013[9]), *River Basin Planning: Principles, Procedures and Approaches for Strategic Basin Planning* (Планирование управления речными бассейнами: Принципы и методы стратегического бассейнового планирования, а также подходы к планированию), ЮНЕСКО, Париж, www.gwp.org/globalassets/global/toolbox/references/river-basin-planning.pdf

Географический и методологический контекст

Днепр – третья по протяженности река в Европе длиной 2 201 км и с площадью речного бассейна 504 000 км². Бассейн реки Днепр является трансграничным: 20 % его территории находится в Российской Федерации, 23 % – в Беларуси и 57 % – в Украине. Два суббассейна реки Днепра расположены в Беларуси: верхний Днепр и Припять (Рисунок 3.2 и Таблица 3.4). Бассейн реки Припять также является трансграничным: 42 % его территории находится в Беларуси и 58 % – в Украине. Припять впадает в Днепр на территории Украины, в Киевском водохранилище. Эти два суббассейна (верхнего Днепра и Припяти) были выбраны в рамках проекта ВИЕС+ для разработки и улучшения ПУРБ. Благодаря этому опыту Беларусь смогла внести улучшения в НПА, касающиеся содержания будущих ПУРБ.

Рисунок 3.2. Суб-бассейны верхнего Днепра и Припяти, находящиеся на территории Беларуси, в составе бассейна реки Днепр

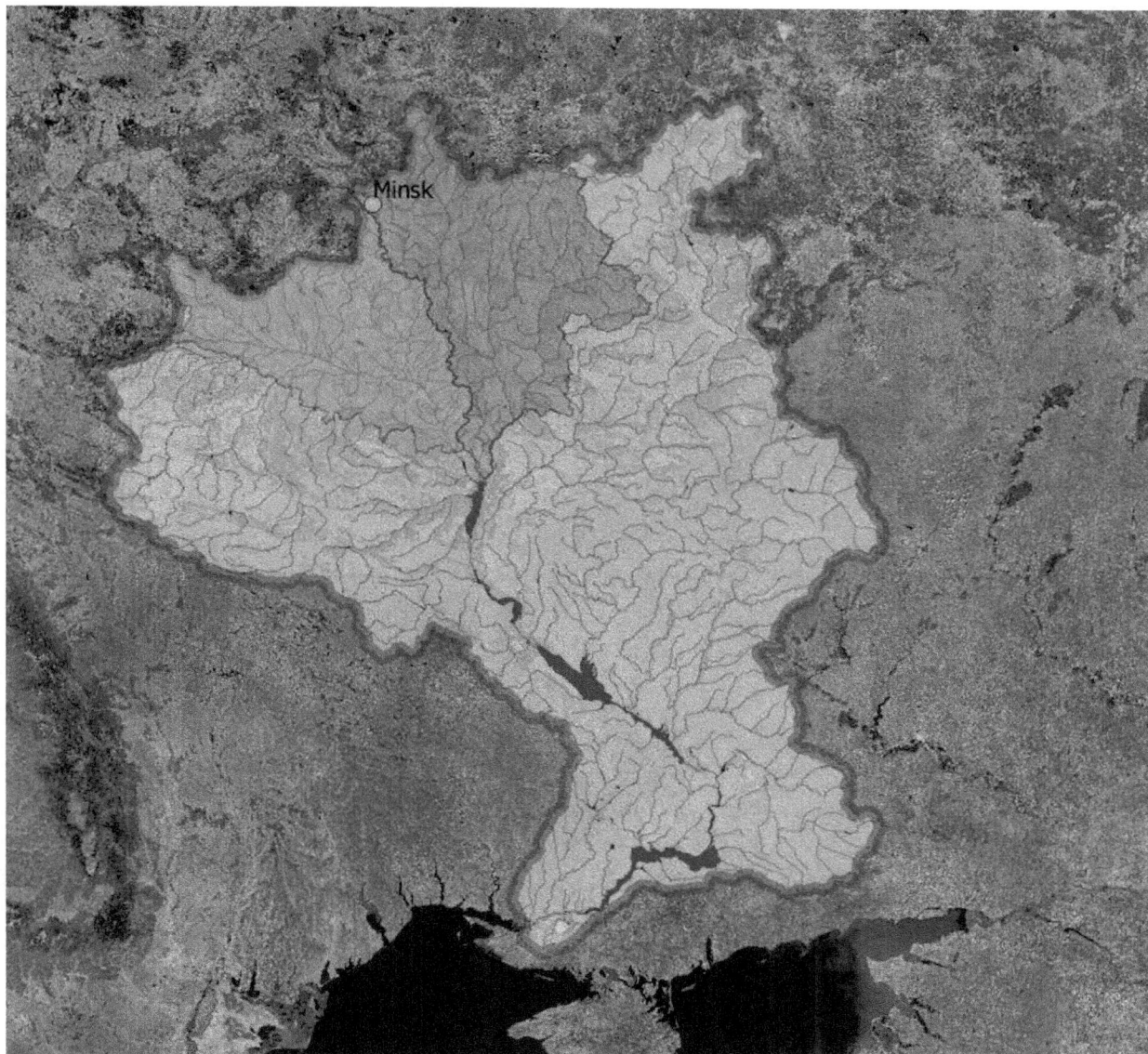

Источник: ВИЕС+ (2019[10]), План управления бассейном реки Днепр, РУП «Центральный научно-исследовательский институт комплексного использования водных ресурсов» (ЦНИИКИВР), Агентство по окружающей среде Австрии и Международный офис воды, www.cricuwr.by/plan_dnepr/

Таблица 3.4. Основные характеристики суб-бассейнов верхнего Днепра и Припяти

	Бассейн верхнего Днепра	Бассейн реки Припять
Площадь (км²)	63 720	50 900
Население	5 млн	1 млн
Средний объем стока (м³/с)	370	490

Источник: ВИЕС+ (2020[11]), План управления бассейном реки Припять (проект), РУП «Центральный научно-исследовательский институт комплексного использования водных ресурсов» (ЦНИИКИВР), Агентство по окружающей среде Австрии и Международный офис воды, www.cricuwr.by/plan_pr/; ВИЕС+ (2019[10]), План управления бассейном реки Днепр, РУП «Центральный научно-исследовательский институт комплексного использования водных ресурсов» (ЦНИИКИВР), Агентство по окружающей среде Австрии и Международный офис воды, www.cricuwr.by/plan_dnepr/

ПУРБ Днепра

ПУРБ Днепра (верхней его части, которая находится на территории Беларуси) был первым таким планом, одобренным в Беларуси. 25 октября 2018 года в рамках первого Форума регионов Беларуси и Украины, организованного в Гомельской области, на втором заседании Днепровского бассейнового совета был одобрен ПУРБ Днепра и запущен децентрализованный процесс его утверждения. В заседании бассейнового совета также принимала участие украинская делегация, возглавляемая заместителем председателя Государственного агентства водных ресурсов Украины, в составе председателей всех четырех органов управления суббассейнами реки Днепр (укр. *Дніпро*), находящимися ниже по течению. Областные исполнительные комитеты и Минский городской исполнительный комитет одобрили ПУРБ Днепра 31 декабря 2019 года.

Проект ПУРБ Днепра был разработан в рамках предыдущего профинансированного Европейским союзом проекта «Охрана окружающей среды международных речных бассейнов» (ООСМРБ). В рамках ВИЕС+ он был доработан для соответствия новому НПА о содержании ПУРБ, опубликованным 1 июня 2017 года, и содержание плана приблизилось к требованиям ВРД.

В результате внесения таких улучшений стали яснее срок действия ПУРБ и временные рамки реализации программы мероприятий. В улучшенной версии плана была представлена инвентаризация антропогенной деятельности и нагрузок, оказываемых на речной бассейн, особенно точечных и рассредоточенных (диффузных) источников загрязнения. Дополнительно было разработано новое руководство по расчету поступления количества загрязняющих веществ от источников диффузного загрязнения в Беларуси на основе опыта разработки ПУРБ Днепра и ПУРБ р. Припять.

На первом этапе реализации ПУРБ Днепра (2020–2025 гг.) было предложено провести 36 приоритетных мероприятий стоимостью приблизительно 233 млн евро, их которых 168 млн евро (более чем 70 %) будут направлены на реализацию Плана совершенствования очистки сточных вод Минска. Эта сумма составляет около 1 % годового валового внутреннего продукта (ВВП) бассейна верхнего Днепра и менее 10 евро на жителя бассейна в год. На втором этапе реализации плана (2025–2031 гг.) предлагается провести 27 дополнительных мероприятий (стоимостью 26 млн евро), что эквивалентно приблизительно 0,1 % годового ВВП бассейна.

ПУРБ р. Припять

ПУРБ р. Припять в большей степени соответствует требованиям ВРД, чем ранее составленный ПУРБ Днепра, поскольку, помимо прочего, в него включены определение границ водных объектов и проведение экономического анализа. Кроме того, в нем отражены природоохранные цели, заложенные в ЦУР.

При разработке ПУРБ р. Припять было выделено 636 речных водных объектов, 79 озерных водных объектов и водохранилищ и 11 подземных водных объектов. Из них только по 48 объектам имеются соответствующие результаты мониторинга. В целом, качество воды в водных объектах данного речного бассейна классифицируется как «хорошее», но многие водные объекты существенно изменены (см. Раздел 2.3.3). Признана высокая экологическая значимость бассейна реки Припять (например, по биологическому разнообразию, водно-болотным угодьям), в нем находятся охраняемые природные территории и множество территорий Изумрудной сети[2], суммарная площадь которых превышает 6 000 км². Для сохранения экологического богатства речного бассейна необходимо проводить тщательное и комплексное изучение воздействий на него планируемых проектов. В бассейне реки Припять извлекается и добывается 366 млн м³ воды в год: 63 % — из поверхностных водных объектов и 37 % — из подземных.

Рисунок 3.3. Объемы добычи (изъятия) воды в бассейне реки Припять в разрезе секторов экономики

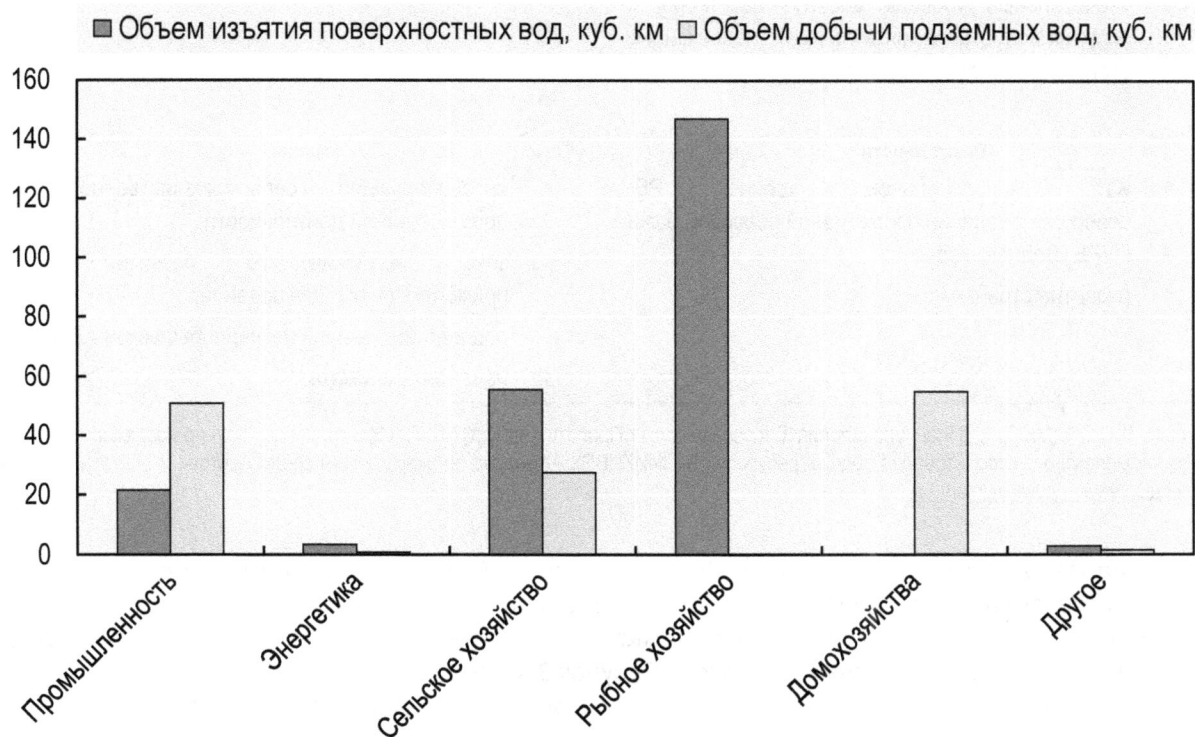

Источник: ЦНИИКИВР (2019[12]), Государственный водный кадастр: Водные ресурсы, их использование и качество вод (за 2018 год), РУП «Центральный научно-исследовательский институт комплексного использования водных ресурсов», Министерство природных ресурсов и охраны окружающей среды Республики Беларусь.

Таблица 3.5 представляет краткий анализ сильных и слабых сторон, возможностей и угроз (SWOT-анализ) для подведения итогов диагностики речного бассейна.

Таблица 3.5. ПУРБ р. Припять: краткое представление SWOT-анализа

Сильные стороны	Слабые стороны
• значительные объемы водных ресурсов (которых более чем хватает, чтобы удовлетворить потребности водопользователей, а также экосистем); • значительные площади лесных угодий; • значительные площади водно-болотных угодий; • минеральные ресурсы; • почти все городское население пользуется услугами централизованного водоснабжения, высокий уровень доступности услуг, в том числе для малоимущих групп населения; • значительный уровень доступа населения к услугам водоотведения в городах, надлежащие стандарты очистки сточных вод.	• значительные изменения гидрографической системы антропогенного характера и утрата экосистемных функций после проведения мелиоративных и других инженерных работ; • нехватка финансирования; • низкий доступ к услугам централизованного водоснабжения в снп; • нехватка данных (о заболеваниях, связанных с водой и т. д.).
Возможности	**Угрозы**
• на законодательном уровне РБ: совершенствование нормативной правовой базы ПУРБ, Водного кодекса; • развитие страны.	• интенсификация сельскохозяйственной и промышленной деятельности; • зоны экономического развития, где применяются особые правила; • последствия аварии на Чернобыльской АЭС; • изменение климата.

Источник: ВИЕС+ (2020[11]), План управления бассейном реки Припять (проект), РУП «Центральный научно-исследовательский институт комплексного использования водных ресурсов» (ЦНИИКИВР), Агентство по окружающей среде Австрии и Международный офис воды, www.cricuwr.by/plan_pr/

Программа мероприятий по реализации ПУРБ р. Припять будет осуществляться в период 2021–2030 годы, ее оценочная стоимость составляет 456 млн евро, из которых 101 млн евро будет использован на адаптацию к изменению климата, а остальные 355 млн евро – на улучшение состояния поверхностных водных объектов. Рисунок 3.4 демонстрирует предлагаемую разбивку бюджета. Основным вызовом является распределение механизмов финансирования и финансирования из национальных и зарубежных источников, привлекаемого как из государственного, так и частного секторов, между республиканским и областными бюджетами.

Рисунок 3.4. Программа мероприятий для реализации ПУРБ р. Припять на 2021–2030 годы: предлагаемая разбивка затрат

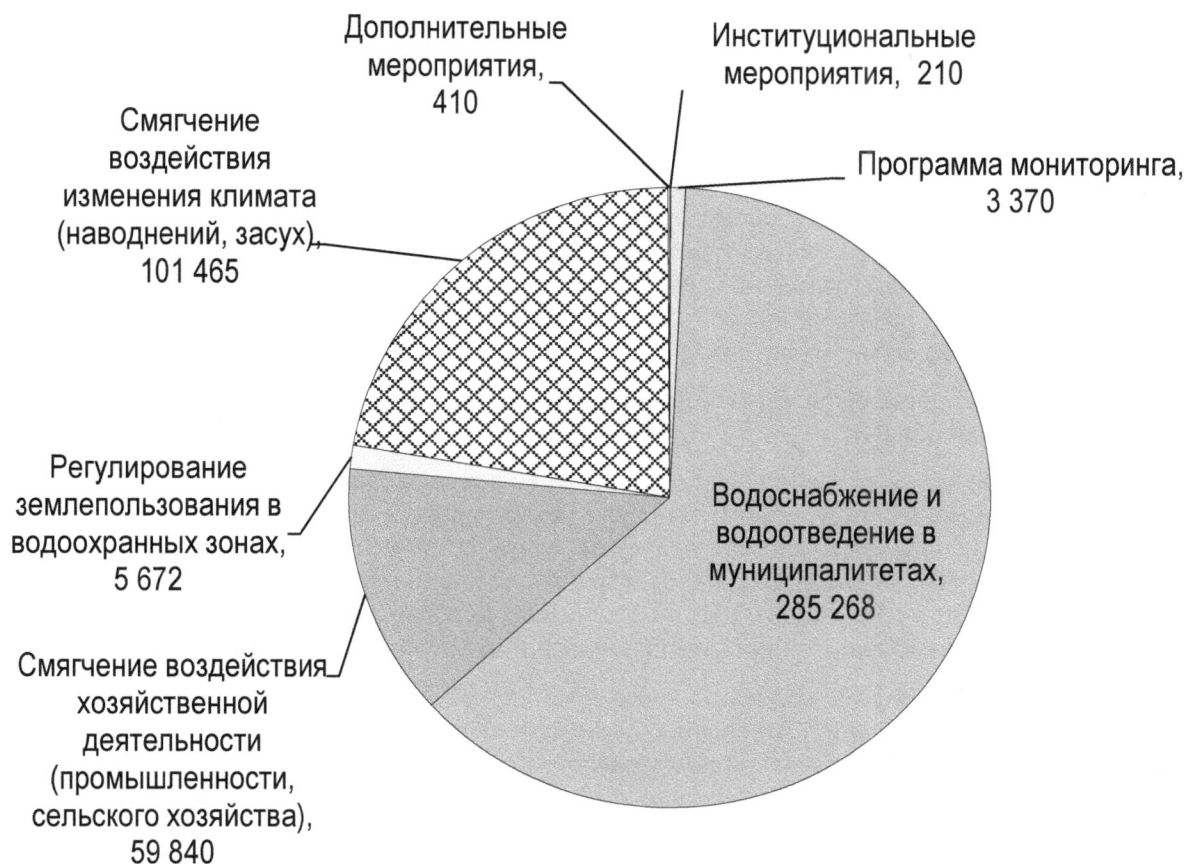

Источник: ВИЕС+ (2020[11]), План управления бассейном реки Припять (проект), РУП «Центральный научно-исследовательский институт комплексного использования водных ресурсов» (ЦНИИКИВР), Агентство по окружающей среде Австрии и Международный офис воды, www.cricuwr.by/plan_pr/

По проекту ПУРБ р. Припять инициирован процесс проведения консультаций. Представители неправительственных организаций (НПО) и местные заинтересованные стороны приняли участие в двух совещаниях, состоявшихся в Минской и Гомельской областях. Их замечания помогли экспертам внести улучшения в проект ПУРБ.

В 2014 г. новый Водный кодекс РБ закрепил процедуру создания бассейновых советов и основные требования по разработке ПУРБ. Законодательно определена необходимость разработки планов управления пяти крупных речных бассейнов страны: Днепр, Западная Двина, Западный Буг, Неман и Припять. В 2016-2018 гг. созданы три бассейновых совета (Днепровский, Западно-Бугский и Припятский), в состав которых вошли представители местных исполнительных и распорядительных органов власти, территории которых расположены в пределах соответствующих бассейнов, представители Минприроды, МЖКХ, Минтранса, Минсельхозпрода, а также представители водопользователей, научных организаций и общественных объединений. Проект Водной стратегии до 2030 года предусматривает создание еще двух бассейновых советов: для бассейнов реки Неман (к 2022 году) и реки Западная Двина/Даугава (к 2024 году) (Минприроды, 2018[3]).

3.2.1.3 Протокол по проблемам воды и здоровья

ЕЭК ООН и Европейское региональное бюро Всемирной организации здравоохранения совместно выполняют функции секретариата по исполнению Протокола по проблемам воды и здоровья (ПВЗ). Беларусь, ставшая стороной Протокола в 2009 году, рассматривает его как ключевой инструмент международного сотрудничества в области водных ресурсов и санитарии. Достижение целей ПВЗ осуществляется за счет установления национальных или местных целевых показателей по основным областям Протокола (их 20), сроков и мер по их достижению. Благодаря успешно апробированному на протяжении более 15 лет механизму установления целевых показателей и отчетности, Протокол в настоящее время продвигается в европейском регионе как инструмент достижения Целей в области устойчивого развития до 2030 г. по воде, санитарии и охране водных ресурсов. Стороны Протокола также обязаны вести учет прогресса в достижении поставленных задач и пересматривать показатели, как только они будут достигнуты, а также отчитываться о результатах на национальном и международном уровнях.

В ноябре 2019 года Беларусь была избрана председателем Бюро Совещания Сторон Протокола по проблемам воды и здоровья.

Первый набор национальных целевых показателей и перечень мер для их достижения был утвержден Беларусью в 2013 году. Спустя пять лет в рамках проекта ВИЕС+ в стране был запущен процесс ведения национальных диалогов о водной политике (НДВП). Приоритетным направлением, по которому требовалась поддержка проекта, страна определила актуализацию национальных целевых показателей для реализации ПВЗ, относящихся к водоснабжению и водоотведению, для приведения их в соответствие с ключевой региональной и мировой отраслевой политикой.

После получения одобрения Межведомственного комитета по управлению (МКУ) выполнением в Республике Беларусь проекта ВИЕС+ процесс был запущен в декабре 2018 года и начался с проведения базового анализа: изучения нормативной правовой базы, положения дел в области охраны окружающей среды и здравоохранения, институциональных и финансовых соглашений, а также аспектов, связанных с участием общественности в принятии управленческих решений. Все это делалось для того, чтобы выявить приоритеты и потребности в действиях, а также выработать рекомендации по установлению национальных целевых показателей в областях, указанных в Протоколе (ст. 6.2 Протокола). Этот межведомственный анализ был выполнен Министерством здравоохранения РБ, Министерством природных ресурсов и охраны окружающей среды РБ, Министерством жилищно-коммунального хозяйства РБ, другими профессиональными лицами, представителями НПО и международными экспертами. Анализ заложил основу для 27 новых национальных показателей, охватывающих 17 целевых областей Протокола. На уровне МКУ состоялось неоднократное обсуждение проекта показателей и действий, а также мероприятий для их достижения. В закрытых межведомственных консультациях участвовали не только вышеперечисленные ведомства, но также Министерство образования РБ, Министерство по чрезвычайным ситуациям РБ и Национальный статистический комитет РБ (Белстат). Ожидалось, что окончательный набор национальных показателей (документ доступен на русском и английском языках) будет утвержден совместным приказом Министерства здравоохранения РБ и Министерства природных ресурсов и охраны окружающей среды РБ в июне 2020 года.

Новые национальные показатели, утвержденные при поддержке ВИЕС+, соответствуют целям и принципам ЦУР; они также отражают цели политики Европейского союза в области профилактики; безопасности; применения подходов, основанных на оценке рисков; равноправного доступа к санитарно-гигиеническим средствам и уделению внимания этому вопросу на институциональном уровне.

3.2.1.4 Наращивание местного потенциала

ВИЕС+ оказала поддержку белорусским экспертам в наращивании потенциала в виде проведения технических совещаний, семинаров, тренингов, полевых исследований, видеоконференций и предоставления обучающих материалов. Помимо разработки ПУРБ и укрепления навыков, также были разработаны руководящие принципы, касающиеся диффузных источников загрязнения, в рамках ПУРБ определены границы водных объектов и организован их мониторинг, что может стать основой для производных НПА и ТНПА.

3.2.2. Поддержка на отраслевом, региональном и бассейновом уровнях

3.2.2.1 Развитие систем водоснабжения и водоотведения в сельских населенных пунктах

Как уже было отмечено выше в разделе 2.2.4, Копыльский район центральной Минской области Беларуси преимущественно сельский. Отчасти в силу низкой плотности населения для этого района характерно присутствие нетрадиционных операторов, предоставляющих услуги централизованного водоснабжения. Из 208 населенных пунктов Копыльского района только в 56 имеется доступ к централизованному водоснабжению. Из этих 56 только 26 населенных пунктов обслуживаются исключительно коммунальным унитарным предприятием «Копыльское ЖКХ», основанным для предоставления таких услуг. 27 сельских населенных пунктов (снп) снабжаются водой сельскохозяйственными предприятиями (4 из них параллельно пользуются услугами «Копыльского ЖКХ»). 4 снп снабжаются водой государственными образовательными учреждениями (3 из которых также одновременно пользуются услугами «Копыльского ЖКХ», а один снппараллельно снабжается водой сельскохозяйственными предприятиями). Численность населения в половине из 208 населенных пунктов Копыльского района составляет не более 30 человек, а в 58 снп – не более 10. При такой низкой плотности населения экономически невыгодно организовывать централизованное питьевое водоснабжение (ЦНИИКИВР, 2019[13]).

В отличие от «Копыльского ЖКХ», для которого предоставление услуг водоснабжения является частью бизнес-модели, сельскохозяйственные предприятия и образовательные учреждения обеспечивают местных жителей водой неофициально. Поскольку предоставление этой услуги бесплатно и отсутствуют договоры, нет и покрытия затрат. Таким предприятиям и учреждениям также не хватает квалифицированных специалистов, а следовательно, отсутствует контроль за предоставлением услуги водоснабжения, чтобы гарантировать приемлемое качество воды для потребления человеком, надежность предоставляемой услуги и хороший напор воды. Для решения этого вопроса были приняты соответствующие НПА, однако не хватает производных НПА и внедрения этих мер на практике (ЦНИИКИВР, 2019[13]).

При поддержке ВИЕС+ были сформулированы рекомендации по разработке будущей схемы питьевого водоснабжения Копыльского района с целью ответа на вызов, связанный с отсутствием систем питьевого водоснабжения в снп (более подробная информация об этих вызовах представлена в разделе 2.2.4).

3.2.2.2 Оказание поддержки в повышении эффективности водопользования в самых водоемких отраслях экономики и охране водных ресурсов от их деятельности: на примере четырех самых водоемких предприятий Копыльского района

Оценка состояния водных ресурсов проводится на основе мониторинга и данных. Следовательно, мероприятия должны разрабатываться в соответствии со статусом, присвоенным водному объекту. Для дальнейшего совершенствования управления водными ресурсами ниже приведена информация о технологических нормативах водопотребления и водоотведения на примере четырех самых водоемких предприятий Копыльского района:

- КУП «Копыльское ЖКХ»;
- Копыльского филиала ОАО «Слуцкий сыродельный комбинат»;
- ОАО «Копыльское» и ОАО «Старица-Агро» - сельскохозяйственных предприятий, занимающихся животноводством, производством молока и выращиванием сельскохозяйственных культур.

Эти четыре предприятия были выбраны на основе оценки водных ресурсов Копыльского района и определения перечня водопользователей (27 предприятий): в 2016 году на долю только этих четырех предприятий приходилось 64 % от объема добычи воды в Копыльском районе (ЦНИИКИВР, 2018[14]).

Инфраструктура водоотведения в г. Копыль недостаточно развита. Основными приемниками потока сточных вод в районе являются водные объекты, поля фильтрации, земляные отстойники и выгребные ямы. Больший объем сточных вод (81,1 %) сбрасывается непосредственно в окружающую среду (ЦНИИКИВР, 2018[14]).

В соответствии с Водным кодексом РБ, предприятия обязаны разработать и внедрить технологические нормативы водопотребления и водоотведения. Использование воды предприятиями делится на три категории: на производственные нужды предприятия, на вспомогательные нужды предприятия и на хозяйственно-питьевые нужды. В рамках проекта ВИЕС+ был проведен анализ четырех крупнейших водопользователей Копыльского района и рассчитаны нормативные расходы воды для каждого из них с целью содействия оптимизации водопользования.

Например, для ОАО «Слуцкий сыродельный комбинат» при поддержке проекта ВИЕС+ были рассчитаны технологические нормативы водопотребления и водоотведения на одну тонну перерабатываемого молока, которые позволяют предприятию планировать свою деятельность и рассчитывать объемы водопотребления на перспективу. Далее был проведен сравнительный анализ применяемых на предприятии технологических процессов производства продукции с технологиями, относящимися к наилучшим доступным технологическим методам (НДТМ). Затем были разработаны мероприятия, направленные на экономию свежей воды и уменьшение количества загрязняющих веществ в составе производственных сточных вод, за счет модернизации действующих локальных очистных сооружений. Это приводит к снижению нагрузки на коммунальные очистные сооружения г. Копыль и, как следствие, на реку Мажа, в которую в результате осуществляется сброс сточных вод от г. Копыль (ЦНИИКИВР, 2018[14]).

Для ОАО «Старица-Агро» и ОАО «Копыльское» при поддержке проекта ВИЕС+ были разработаны балансы водопотребления и водоотведения по каждому участку (населенному пункту), имеющему централизованную систему водоснабжения и водоотведения. Разработанные балансы водопотребления и водоотведения показывают максимальный объем воды, который предприятия могут добывать по каждому участку (населенному пункту) при нынешних условиях водопользования. Превышение фактических объемов добычи воды по сравнению с нормативными будет указывать на нерациональное использование предприятиями водных ресурсов. В рамках этой работы также были даны рекомендации в области учета расхода воды, эксплуатации артезианских скважин, охраны и рационального использования водных ресурсов (ЦНИИКИВР, 2018[14]).

Задача КУП «Копыльское ЖКХ» состоит в снабжении населения и предприятий качественной питьевой водой. При поддержке ВИЕС+ были рассчитаны нормативы потерь и неучтенных расходов воды из систем водоснабжения, а также нормативы технологических расходов воды в системах водоснабжения. Норматив потерь и неучтенных расходов воды в целом по г. Копыль и другим населенным пунктам Копыльского района составил 47,8 % (38,56 % – для города Копыль, 63,85 % – для других населенных пунктов) (ЦНИИКИВР, 2018[14]).

Высокий нормативный объем допустимых скрытых утечек связан, прежде всего, с возрастной структурой и материалами используемых трубопроводов. Срок эксплуатации большинства сетей водоснабжения в Копыльском районе высок (срок эксплуатации 69 % сети превышает 20 лет), особенно в г. Копыль, где срок эксплуатации 86 % сети – свыше 20 лет, что увеличивает вероятность потерь воды из систем водоснабжения (Рисунок 3.5). Еще одним фактором, способствующим высоким потерям воды, является преобладание чугунных труб. Так, допустимые утечки из чугунных труб составляют 2,4 л/мин на 1 км, что в два раза выше таковых у стальных труб (1,2 л/мин на 1 км) и намного выше, чем у полиэтиленовых труб. В целом 79,1 % водопроводных труб в городе Копыль сделаны из чугуна, 18,65 % – из полиэтилена и лишь 2,25 % – из стали. В других населенных пунктах 47,22 % труб сделаны из чугуна и 46,34 % – из полиэтилена, то есть практически одинаковые значения, а оставшиеся 6,44 % – из стали (ЦНИИКИВР, 2019[13]). Поэтапная замена изношенных участков/сегментов водораспределительной сети в Копыльском районе способствовала бы снижению объемов потерь воды и повышению эффективности водопользования.

Рисунок 3.5. Возрастная структура трубопроводов в системе водоснабжения Копыльского района

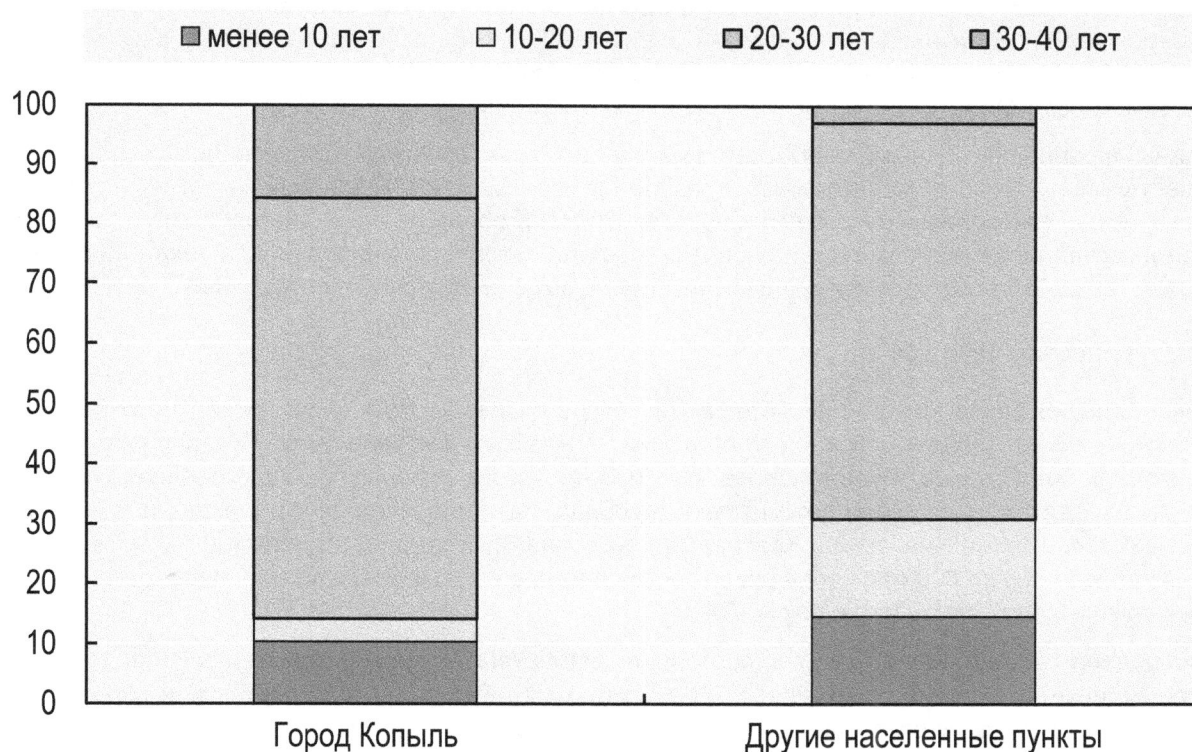

Источник: ЦНИИКИВР (2018[14]), «Об оценке эффективности использования воды и разработке новых технологических нормативов потребления воды и сброса сточных вод для самых водоемких предприятий Копыльского района Минской области Беларуси», документ подготовлен группой экспертов под руководством г-жи П. Н. Захарко из РУП «Центральный научно-исследовательский институт комплексного использования водных ресурсов», Министерство природных ресурсов и охраны окружающей среды Республики Беларусь.

3.2.2.3 Восстановление гидромелиоративных систем: пилотное исследование в Гомельской области

Дополнительная инфраструктура может позволить увеличить стратегические объемы запасов воды в многоводный период и удовлетворить спрос на воду в маловодный, в период вегетации. Учитывая сезонную нехватку воды и значительную долю сельского хозяйства в экономике области, Гомельская область была выбрана пилотным регионом, который может выиграть от восстановления гидромелиоративной инфраструктуры. Целью этого мероприятия является оказание поддержки в достижении водной безопасности и повышению продуктивности сельского хозяйства. В 2020 году ВИЕС+ поддержала проведение оценки экономической обоснованности, преимуществ и недостатков проекта восстановления или адаптации гидромелиоративных систем области, а также воздействия мероприятия на водную безопасность. Параллельно проводятся обсуждения внесения изменений в режим использования земель сельскохозяйственного и общего назначения в ответ на воздействие изменения климата на водные ресурсы для предоставления дополнительной информации разработчикам отраслевой политики.

3.2.2.4 Планы управления речными суббассейнами

Для решения местных вопросов, выявленных при доработке ПУРБ Днепра (Раздел 3.2.1.2), в рамках проекта ВИЕС+ были разработаны планы управления речными суббассейнами. План управления речным суббассейном – это инструмент выполнения программы мероприятий на гидрографическом уровне, ближе к ситуации на местах и местным вызовам. Такой план соответствует ПУРБ и неразрывно связан с ним. ВИЕС+ поддержала разработку двух планов управления речными суббассейнами в бассейне верхнего Днепра: речь идет о бассейне реки Уза и водотоках города Могилева с целью улучшения их экологического состояния.

В планы управления речными суббассейнами входит характеристика суббассейнов посредством осуществления особого мониторинга, проведения полевых исследований (в соответствии с тренингами, организованными в рамках проекта ВИЕС+), сбора данных, диагностики, постановки целей и составления программы мероприятий, расчета затрат и планирования, а также на основе результатов консультаций, проведенных с местными заинтересованными сторонами.

1) Бассейн реки Уза

Уза – небольшая река в Гомельской области, приток реки Сож. Протяженность реки Узы составляет 76 км, а площадь ее водосборной территории – 944 км². Бассейн реки Уза расположен на территориях Гомельского, Буда-Кошелевского и Ветковского районов. В гидрографическую сеть реки Узы входят следующие водотоки: реки Журбица, Хочемля, Беличанка, Иволка и Рандовка; каналы Роговской, Мильчанский и Красная; и ряд дренажных каналов. Ширина долины реки Узы варьируется от 600 до 800 м; ширина русла составляет всего 5–8 м вверх по течению и до 15 м вниз по течению, годовой сток в устье реки – 3,4 м³/с.

В последнее время экологическое состояние реки Узы и ее притоков вниз по течению классифицируется как «плохое» (класс IV), поскольку в нижней части водосбора водоток и его притоки испытывают существенное влияние второго по величине города страны – Гомеля. В водотоки суббассейна местные предприятия, включая коммунальное производственное унитарное предприятие «Гомельводоканал», сбрасывают значительные объемы сточных вод, а территория города является значительным источником рассеянного (диффузного) сброса в поверхностные водотоки.

Таким образом, река Уза считается одной из самых загрязненных в бассейне верхнего Днепра, а также во всей Беларуси. Поскольку Уза впадает в трансграничную реку Сож, восстановление и поддержание хорошего экологического состояния (статуса) реки *Узы* и ее притоков – приоритетное направление при реализации ПУРБ Днепра в Беларуси.

2) Водотоки в городе Могилеве

В последнее время интенсификация летних дождевых паводков приводит к регулярным подтоплениям на территории г. Могилева, третьего по численности население города Беларуси (после Минска и Гомеля). При проектировании сетей дождевой канализации на новых объектах проектировщики не предусматривают отдельного сброса поверхностных сточных вод в водный объект, вместо этого они стремятся присоединить новые сети к существующим сетям дождевой канализации во избежание необходимости возводить очистные сооружения. Такая практика при активном развитии жилой застройки и снижении водопроницаемых территорий на водосборе усугубляет вызовы, связанные с подтоплением отдельных участков города.

В городе Могилеве имеется ряд небольших водотоков: река Дубровенка с притоками Струшня, Казимировский и Дебря. В них поступает значительный объем неочищенных поверхностных сточных вод (дождевых вод и талых вод) города (более 60 выпусков дождевой канализации). Как объем, так и качество сбрасываемых вод оказывают воздействие на экологические состояние водотоков в черте города.

Оценка экологического состояния (статуса) ручья Дебря была выполнена в 2016–2017 годах и ему был присвоен статус «очень плохой». Необходимо провести оценку экологического состояния (статуса) указанных водотоков, определить основные источники поступления загрязняющих веществ, провести оценку состояния сетей дождевой канализации в водосборных территориях указанных водотоков г. Могилева. Необходимо выявить вызовы, связанные с дождевой канализацией и наметить ряд мероприятий, способных уменьшить отрицательное воздействие на водотоки. Это будет способствовать повышению уровня охраны малых водотоков г. Могилева и, в свою очередь, снижению антропогенной нагрузки на р. Днепр.

По состоянию на сентябрь 2020 года планы управления речными суббассейнами еще находились на стадии разработки.

3.2.2.5 Трансграничное сотрудничество

Беларусь придает большое значение укреплению трансграничного сотрудничества с соседними государствами в области управления водными ресурсами. В пределах странового плана работы, разработанного для Беларуси в рамках проекта ВИЕС+, ЕЭК ООН оказала содействие проведению мероприятий по развитию трансграничного сотрудничества в области управления водными ресурсами между Беларусью, Латвией и Литвой.

В январе 2018 года при поддержке ВИЕС+ белорусская и латвийская делегации встретились с целью подготовки соглашения об охране и использовании трансграничных вод в бассейне реки Западная Двина/Даугава. Позднее, в ходе взаимодействия по данному вопросу, обе страны рассматривали варианты дальнейшего сотрудничества. Так, к концу 2020 года ожидалось подписание межведомственного соглашения между Беларусью и Латвией в области трансграничного сотрудничества в бассейне реки Западная Двина/Даугава.

В рамках проекта ВИЕС+ и при поддержке Европейского союза ЕЭК ООН также оказала содействие продолжению технического сотрудничества между Беларусью и Литвой в бассейне реки Неман. Третье совещание белорусско-литовской группы экспертов по укреплению двустороннего сотрудничества в бассейне реки Неман состоялось в Минске 15 мая 2018 года. Среди участников были представители Министерства природных ресурсов и охраны окружающей среды РБ, Министерства окружающей среды Литовской Республики и другие заинтересованные стороны. На совещании был завершен итоговый отчет второй фазы о разработке приоритетных компонентов совместного ПУРБ Немана с целью укрепления трансграничного сотрудничества. Выводы и данные отчета, в свою очередь, заложили прочный фундамент для подготовки совместного ПУРБ Немана, разработка которого может быть завершена в рамках грядущего проекта Глобального экологического фонда (ГЭФ), начало которого ожидается в конце 2020 года.

Еще одним важным достижением является подписание Беларусью и Польшей межправительственного соглашения в области охраны и рационального использования трансграничных вод 7 февраля 2020 года. После ратификации соглашения обеими сторонами предусмотрено учреждение совместного органа надзора за осуществлением намеченных мероприятий.

Примечания

[1] Цели устойчивого развития; Парижское соглашение по климату; Водная конвенция; Протокол по проблемам воды и здоровья (для поддержки реализации и мониторинга прогресса в достижении ЦУР 6.1, 6.2, 6.3 и 3.9); Конвенция Эспо; Протокол о СЭО; Директивы ЕС о стратегической экологической оценке и об оценке воздействия на окружающую среду; и соответствующие двусторонние соглашения о совместном использовании и охране трансграничных водных объектов.

[2] *Изумрудная сеть* территорий особого природоохранного значения – это сеть охраняемых природных территорий, созданная Бернской конвенцией Совета Европы с целью сохранения биологического разнообразия. Белее подробная информация приведена на веб-сайте: www.coe.int/en/web/bern-convention/emerald-network.

Ссылки

European Environmental Agency (год не указан), *Shared Environmental Information System (SEIS) (Совместная система экологической информации)*, https://www.eea.europa.eu/about-us/what/shared-environmental-information-system-1 (accessed on 10 июля 2020 г.). [8]

EUWI+ (2020), *План управления бассейном реки Припять (проект)*, Central Research Institute for Complex Use of Water Resources (CRICUWR), Umweltbundesamt and International Office for Water, http://www.cricuwr.by/plan_pr/. [11]

EUWI+ (2019), *План управления бассейном реки Днепр*, Central Research Institute for Complex Use of Water Resources (CRICUWR), Umweltbundesamt and International Office for Water, http://www.cricuwr.by/plan_dnepr/. [10]

EUWI+ (2018), *Infographics: River Basin Management Plan (Инфографики: план управления речными бассейнами)*, https://www.euwipluseast.eu/en/component/k2/item/430-infographics-river-basin-management-plan-en?fromsearch=1 (accessed on 10 августа 2020 г.). [15]

Pegram, G. et al. (2013), *River Basin Planning: Principles, Procedures and Approaches for Strategic Basin Planning (Планирование управления речными бассейнами: Принципы и методы стратегического бассейнового планирования, а также подходы к такому планированию)*, UNESCO, Paris, https://www.gwp.org/globalassets/global/toolbox/references/river-basin-planning.pdf. [9]

Strelkovskii, N. et al. (2019), *Navigating through Deep Waters of Uncertainty: Systems Analysis Approach to Strategic Planning of Water Resources and Water Infrastructure under High Uncertainties and Conflicting Interests*, International Institute for Applied Systems Analysis, Laxenburg, Austria and OECD Publishing, Paris. [1]

Белстат (2019), *С.14. Население, обеспеченное очисткой сточных вод*, (база данных), https://www.belstat.gov.by/ofitsialnaya-statistika/makroekonomoka-i-okruzhayushchaya-sreda/okruzhayuschaya-sreda/sovmestnaya-sistema-ekologicheskoi-informatsii2/c-vodnye-resursy/s-14-naselenie-obespechennoe-ochistkoi-stochnyh-vod/ (accessed on 10 июля 2020 г.). [6]

Белстат (2019), *С.5. Вода, поставляемая отраслью водоснабжения, и доступ населения к этой воде*, (база данных), https://www.belstat.gov.by/ofitsialnaya-statistika/makroekonomika-i-okruzhayushchaya-sreda/okruzhayuschaya-sreda/sovmestnaya-sistema-ekologicheskoi-informatsii2/c-vodnye-resursy/s-5-voda-postavlyaemaya-otraslyu-vodosnabzheniya-i-dostup-naseleniya-k-etoi-v (accessed on 10 июля 2020 г.). [4]

Белстат (2019), *С.6. Доступ населения к централизованному водоснабжению*, (база данных), https://www.belstat.gov.by/ofitsialnaya-statistika/makroekonomika-i-okruzhayushchaya-sreda/okruzhayuschaya-sreda/sovmestnaya-sistema-ekologicheskoi-informatsii2/c-vodnye-resursy/s-6-dostup-naseleniya-k-tsentralozovannomu-vodosnabzheniyu/ (accessed on 10 июля 2020 г.). [5]

Минприроды (2018), *Стратегия управления водными ресурсами в условиях изменения климата на период до 2030 года (проект)*, РУП "Центральный научно-исследовательский институт комплексного изучения водных ресурсов", Министерство природных ресурсов и охраны окружающей среды Республики Беларусь, Минск. [3]

ЦНИИКИВР (2019), *Государственный водный кадастр: Водные ресурсы, их использование и качество вод (за 2018 год)*, РУП "Центральный научно-исследовательский институт комплексного ипользования водных ресурсов", Министерство природных ресурсов и охраны окружающей среды Республики Беларусь, Минск. [12]

ЦНИИКИВР (2019), *Разработка рекомендаций по развитию систем хозяйственно-питьевого водоснабжения в Копыльском районе Минской области Беларуси*, РУП "Центральный научно-исследовательский институт комплексного использования водных ресурсов", Министерство природных ресурсов и охраны окружающей среды Республики Беларусь, Минск. [13]

ЦНИИКИВР (2018), *Об оценке эффективности использования воды и разработке новых технологических нормативов потребления воды и сброса сточных вод для самых водоемких предприятий Копыльского района Минской области Беларуси*, РУП "Центральный научно-исследовательский институт комплексного использования водных ресурсов", Министерство природных ресурсов и охраны окружающей среды Республики Беларусь, Минск. [14]

ЦНИИКИВР (2018), *Помощь правительству Беларуси в национализации индикаторов для мониторинга прогресса в реализации SDG 6.3 - 6.5*, С., Дубенок (ред.), РУП "Центральный научно-исследовательский институт комплексного использования водных ресурсов", Министерство природных ресурсов и охраны окружающей среды Республики Беларусь, Минск. [7]

ЦНИИКИВР (2018), *Стратегия управления водными ресурсами в условиях изменения климата на период до 2030 года (проект)*, РУП "Центральный научно-исследовательский институт комплексного изучения водных ресурсов", Министерство природных ресурсов и охраны окружающей среды Республики Беларусь, Минск. [2]

4 Следующие шаги

В данной главе приводится оценка возможностей повышения водной безопасности Беларуси посредством оказания поддержки текущей повестке реформирования водной политики страны. Глава резюмирует успехи, достигнутые страной, такие как прогресс в гармонизации национальной водной политики с принципами Водной рамочной директивы ЕС и комплексного (интегрированного) управления водными ресурсами, и разработка планов управления речными бассейнами для двух трансграничных речных бассейнов Беларуси. В главе также отмечены улучшение межведомственной координации в области управления водными ресурсами, усилия по достижению Целей устойчивого развития (ЦУР), связанных с водой, и международное сотрудничество по вопросам, касающимся трансграничных водотоков и озер. Глава завершается перечнем потенциальных направлений, в которых предстоит проделать дальнейшую работу для повышения водной безопасности Беларуси.

4.1. Первые успехи в области реформирования водной политики Беларуси

Республика Беларусь (далее – Беларусь) совместно с партнерами-исполнителями работала над реализацией в стране финансируемого Европейским союзом проекта «Водная инициатива Европейского союза плюс для стран Восточного партнерства» (ВИЕС+). Страна значительно продвинулась вперед в выполнении масштабной страновой рабочей программы, способной стать движущей силой совершенствования водной политики страны. Эта работа – первое взаимодействие Беларуси с ВИЕС на протяжении длительного периода времени.

И хотя официально Беларусь не имеет обязательств по гармонизации своего законодательства с *aquis* (нормативной правовой базой ЕС) в области водных ресурсов, страна признала выгоды от приведения нормативной правовой базы водного сектора в соответствие с ключевыми принципами водного законодательства ЕС, такими как принципы Водной рамочной директивы (ВРД). Для этого Беларусь взяла на себя ряд международных обязательств и включила их в повестку реформирования национальной водной политики, тем самым укрепляя синергию и стимулируя их имплементацию. Например, основные положения Целей устойчивого развития (ЦУР), связанных с водой, были включены в проект Стратегии управления водными ресурсами в условиях изменения климата на период до 2030 года (далее – Водная стратегия до 2030 года).

Начиная с 2016 года, Беларусь продвинулась вперед, разработав новую Водную стратегию, проведя по ней консультации и непосредственно запустив ее. Страна также достигла прогресса в отношении разработки и реализации планов управления речными бассейнами (ПУРБ) Днепра и Припяти, а также в отношении выполнения обязательств по достижению ЦУР, связанных с водой, и задач, поставленных в рамках Протокола по проблемам воды и здоровья.

Этот прогресс основан на данных, сформированных благодаря значительным усилиям по осуществлению мониторинга и проведению анализа состояния подземных и поверхностных вод в соответствии с требованиями ВРД. При этом проведение консультаций с заинтересованными сторонами и гражданское участие, разумеется, являлись ключевыми факторами при разработке ПУРБ, поскольку благодаря им реформирование водной политики стало более инклюзивным и был обеспечен баланс интересов и потребностей широкого круга заинтересованных сторон и водопользователей.

Беларусь также поддержала ведение диалога на межведомственном уровне посредством создания национального Межведомственного комитета по управлению выполнением проекта ВИЕС+ в Республике Беларусь. Председателем этой платформы является заместитель Министра природных ресурсов и охраны окружающей среды РБ. Среди других министерств, принимающих участие в работе платформы, Министерство иностранных дел РБ, Министерство жилищно-коммунального хозяйства РБ, Министерство здравоохранения РБ, Министерство транспорта и коммуникаций РБ, Министерство сельского хозяйства и продовольствия РБ, Министерство экономики РБ, Белстат, представители территориальных органов и подведомственных организаций Минприроды. В работе платформы также участвуют операторы ВСиВО, в том числе ГУП «Белводоканал», и представители научного сообщества, включая Белорусский государственный технический университет.

Платформа позволяет проводить межведомственные обсуждения приоритетных вопросов национального уровня, включая проведение консультаций по разработке Водной стратегии до 2030 года. Также на ней рассматриваются вопросы ведения отчетности о прогрессе в выполнении международных обязательств, включая прогресс, достигнутый в области сотрудничества с соседними странами (Российской Федерацией, Украиной, государствами – членами ЕС) в сфере управления трансграничными водными ресурсами. И хотя на ранних этапах участие в работе платформы и достигнутые успехи были скромными, со временем платформа может превратиться в утвердившийся национальный диалог о водной политике, схожий с диалогами, ведущимися в других странах Восточного партнерства.

Водная безопасность – центральная тема национальной рабочей программы, подготовленной в рамках проекта ВИЕС+. Пилотные мероприятия в Копыльском районе фокусировались на таких вопросах, как водоснабжение в сельских населенных пунктах, качество воды и эффективность водопользования. В результате были сформулированы рекомендации, которые окажут долгосрочное воздействие на водоснабжение и водоотведение в Беларуси.

Рекомендации по развитию систем питьевого водоснабжения внесут вклад в достижение ЦУР 6.1 в пилотном районе. А посредством проведения анализа технологических нормативов водопользования водоемких предприятий района ВИЕС+ оказала поддержку в выявлении слабых моментов, присутствовавших в процессе планирования деятельности предприятий в течение многих лет. Следовательно, данное мероприятие окажет поддержку планированию и прогнозированию деятельности предприятий в будущем. Стимулирование предприятий к более эффективному водопользованию приводит к эффекту домино: снижаются объемы образования сточных вод, что защищает окружающую среду от отрицательного воздействия потенциальных сбросов сточных вод. Опыт пересмотра нормативов может быть реплицирован по всей стране, однако необходимо осуществлять мониторинг этого процесса.

Работа по ВИЕС+ подчеркнула региональные различия, имеющиеся в Беларуси, с точки зрения обеспеченности водными ресурсами, а также показала, что водоемкие виды деятельности, особенно сельскохозяйственная деятельность, часто ведутся в районах с сезонной нехваткой воды и высокой зависимостью от изменения климата.

Целью исследования гидромелиоративной инфраструктуры в Гомельской области являлась оценка дополнительных экономических выгод от восстановления оставшихся в наследие гидромелиоративных систем с целью извлечения преимуществ из сезонных изменений объемов имеющейся воды. Сбор воды в многоводные периоды и хранение ее для использования в целях орошения в маловодные периоды может создать дополнительные экономические выгоды для сельскохозяйственных регионов на юге страны. Во время составления настоящего отчета данное исследование находилось на стадии реализации.

Сотрудничество с Беларусью также направлено на наращивание потенциала и обучение будущих экологов, специалистов и экономистов в области водного хозяйства. Например, были разработаны учебные материалы по использованию экономических инструментов для управления водными ресурсами и объектами, а также водохозяйственными системами. Материалы были подготовлены с целью пилотного опробования в двух белорусских университетах в зимний семестр 2020 года.

4.2. Процесс реформирования, занимающий много времени, и возможности проведения постпрограммных мероприятий

Завершение проекта ВИЕС+ в Беларуси планируется в 2021 году, однако процесс реформирования водной политики продолжится. И хотя страна продвинулась вперед в данном направлении, остались и нерешенные вопросы, поэтому ниже предлагаются мероприятия, которые можно было бы осуществить в будущем.

4.2.1. Оказание поддержки реализации Водной стратегии до 2030 года

В отношении реформирования водной политики на национальном уровне, при проведении дальнейших мероприятий в Беларуси необходимо учитывать оказание поддержки реализации Водной стратегии до 2030 года с обязательным проведением мероприятий на бассейновом и местном уровнях. Например, следует усовершенствовать существующие экономические инструменты и решить ситуацию, связанную с использованием субсидий, а также внедрить новые инструменты управления водными ресурсами. Так, можно ввести обложение сброса сточных вод в окружающую среду на основе массы загрязняющих веществ в их составе.

4.2.2. Выявить и внедрить способы обеспечения равноправного доступа к водоснабжению и водоотведению

Беларуси необходимо выявить и внедрить меры, содействующие обеспечению равноправного доступа населения к услугам ВСиВО. Для этого необходимо оказать поддержку внесению поправок в соответствующие НПА и приоритетным инвестициям в ВСиВО. Надзор за выполнением этого мероприятия мог бы осуществляться в рамках национального диалога о водной политике или на основе расширенной платформы межведомственного сотрудничества. Мероприятие должно содействовать наращиванию потенциала местных заинтересованных сторон в таких областях, как применение экономических инструментов и анализа.

4.2.3. Мероприятия по выполнению международных обязательств

Для продвижения вперед в выполнении международных обязательств Беларуси следует двигаться в трех направлениях: во-первых, страна должна и дальше поддерживать сотрудничество в области охраны и использования трансграничных водных ресурсов (например, в бассейне реки Западная Двина) и вести отчетность в соответствии с Водной конвенцией ООН; во-вторых, следует улучшить мониторинг и отчетность о прогрессе в достижении ЦУР, связанных с водой (ЦУР 6, ЦУР 3); и наконец, Беларусь должна оказать поддержку имплементации актуализированных национальных целевых показателей для реализации Протокола по проблемам воды и здоровья.

4.2.4. Продвижение вперед в области планирования управления речными бассейнами

Беларусь должна продвигаться вперед в отношении разработки и реализации планов управления речными бассейнами (ПУРБ). Следует:

- Официально одобрить ПУРБ р. Припять и приступить к реализации намеченных мероприятий.

- Провести постпрограммное мероприятие по ПУРБ Днепра для обеспечения большего соответствия процесса определения границ водных объектов требованиям ВРД, а также начать подготовку второго цикла планирования УРБ. Рассмотреть дальнейшие мероприятия по реализации ПУРБ Днепра.

- Провести оценку согласованности итогового ПУРБ Днепра (Украина) и ПУРБ Днепра и Припяти (Беларусь), учитывая трансграничный характер этих основных рек страны.

- Разработать ПУРБ рек Западная Двина и Неман, внедряя принципы планирования в более широкий контекст водной политики Беларуси. В этой связи разработка соответствующих технических нормативных правовых актов (ТНПА) способствовала бы повышению степени соответствия ПУРБ требованиям ВРД.

- Оказать поддержку имплементации в Беларуси Директивы ЕС по нитратам, учитывая воздействие, оказываемое сельскохозяйственным сектором на управление водными ресурсами. Необходимо наращивать потенциал в области управления речными бассейнами на республиканском и областном уровнях, а также на уровне речного бассейна. Беларуси следует оказать поддержку деятельности бассейновых советов и стремиться укреплять процесс проведения консультаций и вовлечения заинтересованных сторон.

- Продолжить сбор и использование высококачественных данных, что являлось ключевым моментом при разработке отраслевой политики и принятии управленческих решений на основе фактов в рамках проекта ВИЕС+. По данному направлению могут быть предложены следующие мероприятия:

  - стремиться к составлению национального комплексного плана формирования данных и управления ими;

  - совершенствовать национальные базы данных по водным ресурсам;

  - работать над совместимостью информационных систем;

  - совершенствовать процессы обработки данных и формирования информации для принятия управленческих решений;

  - предоставить доступ широкой общественности к данным по водным ресурсам.

- Обеспечить сбор высококачественных данных в рамках предлагаемой системы мониторинга. При наращивании потенциала в области мониторинга поверхностных и подземных вод следует включить новые биологические и химические элементы качества. Также следует улучить и нацелить системы мониторинга на осуществление наблюдений за специфичными объектами, проведение анализа по специфичным параметрам и сбор соответствующих данных. В выбранных государственных лабораториях следует завершить обучение лабораторным методам и совершенствовать технические навыки персонала.

4.2.5. К другим возможным будущим мероприятиям можно отнести следующие:

- Оказать поддержку реализации Водной стратегии до 2030 года и будущей национальной Стратегии по водоснабжению и водоотведению (канализации).

- Исследовать синергизм проводимой технической работы с процессами принятия отраслевых решений относительно целей программ мероприятий, запланированных в рамках ПУРБ. Такая работа способствовала бы выявлению надлежащей практики, которая может вдохновить Беларусь и другие страны Восточного партнерства на дальнейший прогресс в этой области. Мероприятие также могло бы разработать отраслевое и методическое руководство по более эффективному покрытию затрат при надлежащем управлении водными ресурсами.

- Оказать дальнейшую поддержку повышению частоты, потенциала, качества и улучшению географической и технической стороны проведения мониторинга биологических, гидроморфологических и химических характеристик поверхностных вод. Все действия должны соответствовать практике ВРД, ровно как Стратегическому руководству по мониторингу и оценке трансграничных рек, озер и подземных вод, разработанному в рамках Водной конвенции. В отношении аккредитации или переаккредитации и управления качеством работы сотрудничающих лабораторий решающую роль играет проведение постпрограммных мероприятий. Схожая поддержка должна быть оказана осуществлению мониторинга подземных вод, включая совершенствование мониторинга химических и количественных параметров, а также охране и рациональному использованию подземных вод.

- Расширить деятельность по разработке, принятию и выполнению утвержденных ПУРБ на другие речные бассейны. Данное мероприятие подразумевает обмен опытом в отношении методики, например, посредством разработки производных НПА. Также необходимо поддержать институциональные реформы, распространить информацию об извлеченных уроках в шести странах ВП и инициировать внедрение полученного опыта.

- Способствовать учреждению бассейновых советов и направлять их работу, включая разработку и презентацию экономического обоснования устойчивого финансирования их деятельности. Это будет стимулировать реализацию ПУРБ и укрепит процесс децентрализации управления водными ресурсами.

- Оказать поддержку процессам гармонизации и стратегической приоритезации параметров и показателей и внедрению концепции стратегического управления данными с предоставлением открытого доступа к ним заинтересованным сторонам, а также организации свободного обмена информацией между ними, что способствует проведению основательного анализа данных. Мероприятие обеспечило бы надлежащий обмен более качественными данными, собранными посредством усовершенствованной системы мониторинга, и формирование основы для принятия управленческих решений.

- Продолжить наращивание потенциала и повышение информированности заинтересованных сторон водного сектора. Это мероприятие могло бы заключаться в повышении компетенции заинтересованных сторон и их вовлечении в деятельность пилотных бассейновых советов. Оно также способствовало бы повышению осознанности водопользователей в отношении того, что их поведение оказывает воздействие на водный баланс в пределах каждого речного бассейна. А также оно содействовало бы обмену надлежащей практикой на региональном уровне в области устойчивого управления водными ресурсами. Следует продолжить сотрудничество с университетами и научно-исследовательскими учреждениями с включением в образовательные программы тем, связанных с управлением водными ресурсами, системами мониторинга и биологической оценки. Такое долгосрочное наращивание потенциала снабдит национальные природоохранные учреждения и частный сектор более образованными кадрами с точки зрения компетенций в области управления водными ресурсами.

www.ingramcontent.com/pod-product-compliance
Lightning Source LLC
Chambersburg PA
CBHW082109210326
41599CB00033B/6646